reinhardt

Harry Dettenborn

Kindeswohl und Kindeswille

Psychologische und rechtliche Aspekte

Mit 6 Abbildungen und 5 Tabellen

2., überarbeitete Auflage

Ernst Reinhardt Verlag München Basel

Prof. Dr. Harry Dettenborn, Diplom-Psychologe, Universitätsprofessor i. R., Mitbegründer und Vorstandsmitglied des Instituts Gericht & Familie Berlin-Brandenburg, langjährige Sachverständigentätigkeit auf dem Gebiet der Rechtspsychologie

Cover unter Verwendung eines Fotos von BilderBox.com

Bibliografische Information der Deutschen Nationalbibliothek

Die Deutsche Nationalbibliothek verzeichnet diese Publikation in der Deutschen Nationalbibliografie; detaillierte bibliografische Daten sind im Internet über <http://dnb.d-nb.de> abrufbar.

ISBN 978-3-497-01925-0

2., überarb. Auflage

Printed in Germany
Reihenkonzeption Umschlag: Oliver Linke, Augsburg
Satz: ew print & medien service gmbh, Würzburg
Druck und Bindung: Friedrich Pustet, Regensburg

Ernst Reinhardt Verlag, Kemnatenstr. 46, D-80639 München
Net: www.reinhardt-verlag.de E-Mail: info@reinhardt-verlag.de

Inhalt

Abkürzungen

BGB	Bürgerliches Gesetzbuch
BGH	Bundesgerichtshof
DSM IV	Diagnostisches Statistisches Manual Psychischer Störungen
FamFG	Gesetz über das Verfahren in Familiensachen und in den Angelegenheiten der freiwilligen Gerichtsbarkeit
FamRZ	Zeitschrift für das gesamte Familienrecht
FamS	Familiensenat
FGG	Gesetz über die freiwillige Gerichtsbarkeit
GG	Grundgesetz
ICD-10	Internationale Klassifikation psychischer Störungen, 10. Revision
KJHG	Kinder- und Jugendhilfegesetz
OLG	Oberlandesgericht
SGB	Sozialgesetzbuch
ZS	Zivilsenat

Vorwort

Ganz selbstverständlich werden die Begriffe Kindeswohl und Kindeswille von mehreren Berufsgruppen genutzt, wo immer es um den Schutz des Kindes geht. Die Lage von Kindern, sowie die Absichten und Kompetenzen beteiligter Erwachsener werden unter dem Aspekt dieser Begriffe beschrieben und erklärt. Sie sind Dreh- und Angelpunkt von Berichten, Sachverständigengutachten sowie von Entscheidungen erheblicher Tragweite von Gerichten oder Jugendämtern, z. B. in Bezug auf Sorgerecht oder Umgangsrecht, Herausgabe oder Adoption.

Sobald problematische Fallkonstellationen auftreten und man sich verständigen muss darüber, was eigentlich die Inhalte der Begriffe Kindeswohl und Kindeswille sind, wird schnell klar, wie diffus und beliebig die Kriterien sind. Es wird auch klar, dass aus der Sicht *eines* Fachgebietes, gleich ob Juristerei oder Psychologie, keine Lösung zu erwarten ist, weil es um interdisziplinäre Sachverhalte geht. Jeder Vertreter eines speziellen Fachgebiets überschreitet zwangsläufig dessen Grenzen.

Das Buch will dazu beitragen, dass dies kontrolliert und reflektiert geschieht, d. h. mit dem Bewusstsein für den interdisziplinären Charakter, die Potenzen und Grenzen der Begriffe Kindeswohl und Kindeswille. Im Mittelpunkt steht dabei allerdings der psychologische Aspekt. Die Problematik wird in den theoretischen Rahmen einer Familienrechtspsychologie gestellt, wie sie hier verstanden wird. Als „Bausteine" der Systematik werden Kindeswohl und Kindeswille ausführlich erörtert, zueinander in Beziehung gesetzt und schließlich auf das Beispiel des aktuell heftig diskutierten Parental Alienation Syndrom appliziert.

Entsprechend dem interdisziplinär relevanten Thema ist das Buch adressiert an Praktiker und an wissenschaftlich Tätige aus dem Rechtsbereich und aus dem Jugendhilfebereich, an Psychologen und Sonderpädagogen, an Gutachter und Verfahrenspfleger. Es soll als eine familienrechtspsychologische Streitschrift einladen zu produktiver Diskussion, und es soll helfen beim differenzierten Umgang mit so sensiblen und komplizierten Sachverhalten, wie es Kindeswohl und Kindeswille darstellen.

1 Bedeutsam, aber unklar: Kein Widerspruch

Selten sind Begriffe so bedeutsam für das Schicksal von Personen und dennoch so unklar: *Kindeswohl* und *Kindeswille*. Bei welchem Elternteil Kinder nach der Trennung der Eltern leben, ob und in welchem Umfang Kontakt zwischen nicht sorgeberechtigtem Elternteil und Kindern besteht, ob ein Kind bei einer Pflegeperson verbleibt oder „Herausgabe“ erfolgt, ob Kinder in „Obhut“ genommen werden oder nicht – dies alles hängt in starkem Maße auch von den vorliegenden Beurteilungen des Kindeswohls oder des Kindeswillens ab.

Woher kommen diese Beurteilungen? Beide Begriffe sind viel genutzte Maßstäbe im Gebrauch von Familienrichtern, von Mitarbeitern der Jugendhilfe oder Verfahrenspflegern. Psychologische Sachverständige verwenden sie ebenso wie Berater oder Mediatoren. Aber diese Begriffe sind in so unterschiedlicher Weise definiert, dass nur zu schlussfolgern bleibt, ihr Inhalt ist nicht festgelegt und wohl auch schwer festlegbar. Im Recht hilft man sich konsequenterweise, indem man sie zu unbestimmten Rechtsbegriffen erklärt, d. h. zu auslegungsbedürftigen Generalklauseln. Sie müssen, ausgehend vom Einzelfall, konkretisiert werden. Veränderte gesellschaftliche Wertmaßstäbe können die Tendenzen der Auslegung beeinflussen. Positiv ist, dass dadurch soziale Dynamik und neue fachliche Erkenntnisse berücksichtigt werden können. Willutzki (2000, 384) drückt es „etwas boshafter“ aus: „Wo immer der Gesetzgeber keinen Ausweg in der Abwägung widerstreitender Interessen sieht, sich nicht für die eine oder andere Alternative zu entscheiden vermag, greift er auf eine Generalklausel zurück, deren Auslegung dann richterlicher Entscheidungsfindung überlassen bleibt“.

Für die Psychologie, also auch für die Familienrechtspsychologie, sind Kindeswohl und Kindeswille Stiefkinder, eingebracht vom Recht. Bezüge zum Begriff Kindeswohl sind nicht angestrebt, nicht einmal eine Beziehungsklärung ist erfolgt. Verantwortung, z. B. im Sinne eines Pflegeverhältnisses zu diesem Begriff, wird offenbar nur zögerlich von der Psychologie übernommen. Der Begriff Kindeswille ist ein ungeliebtes Kind, weil der Wille insgesamt in der Psychologie jahrzehntelang als alter Zopf der Bewusstseinspsychologie vernachlässigt und im Zuge der „kognitiven Wende“ in der Mitte des vorigen Jahrhunderts hinter Begriffen wie Entscheidung oder Motivation verborgen wurde. Erst in letzter Zeit findet er wieder mehr Aufmerksamkeit.

Die Mängeldiskussion zu den beiden Begriffen ist in allen beteiligten Wissenschafts- und Praxisbereichen intensiv und weitgehend berechtigt. Aber gibt es bessere Kriterien für die Rechtssprechung? Wären dann die festen Gewohnheiten des Gebrauchs der beiden Begriffe Kindeswohl und Kindeswille zu erschüttern? Und besteht nicht inzwischen ein Mindestmaß an Funktionalität, egal ob sie sich allein aus Gewohnheit oder aus Nachvollziehbarkeit in der Alltagssprache, aus Appellfunktion oder wirklichem Erklärungswert ergibt?

Benötigt werden produktive Bemühungen, diese Begriffe zu differenzieren, sie neueren Entwicklungen im Wissenschaftsbereich und in der Praxis zu öffnen, ihrem interdisziplinären Charakter gerecht zu werden. Das ist der Weg, ihren Wert als Erkenntnisinstrument und Entscheidungsmaßstab zu heben sowie den Gehalt an Harmonisierungspotenzialen zu nutzen und gezielter zum Schutz von Kindern und Jugendlichen durch Recht beizutragen.

Dazu soll im Folgenden der Versuch unternommen werden, die juristisch vorgegebenen Begrifflichkeiten Kindeswohl und Kindeswille unter *familienrechtspsychologischem* Aspekt zu analysieren und so zu ihrem Erklärungswert beizutragen. Sie werden gewissermaßen als Stiefkinder angenommen und gehegt. Es wird versucht, neue Akzente in dieser Beziehung zu setzen. Den Rahmen bildet ein familienrechtspsychologisches Konzept. Es kann hier nur sehr verkürzt dargestellt werden (ausführlich s. Dettenborn & Walter 2002). Vielleicht ist dennoch der Versuch erkennbar, die viel beklagte Theoriearmut der Rechtspsychologie im Bereich des Familienrechts zu mindern.

2 Kindeswohl und Kindeswille im Rahmen der Familienrechtspsychologie

2.1 Was ist Familienrechtspsychologie?

2.1.1 Gegenstand

Familienrechtspsychologie ist ein Teilbereich der Rechtspsychologie. Sie nutzt und bereichert die Familienpsychologie – neben Bezügen zu anderen Zweigen der Psychologie, wie Entwicklungs- oder Sozialpsychologie. Aktionsfeld und Bezugsrahmen sind dabei sowohl geltendes Familien- und Jugendhilferecht als auch notwendiges wünschenswertes Recht, d. h., es wird auch de lege ferenda (= Anwendung der Psychologie bei Gesetzesänderungen) gearbeitet und dazu beigetragen, Recht zu entwickeln.

Gegenstand der Familienrechtspsychologie sind Erleben und Verhalten beim Auf- und Abbau familiärer Beziehungen, soweit dabei Konflikte der rechtlichen Einflussnahme bedürfen. Zwar ist das zu beziehen auf alle Phasen der familiären Entwicklung, im Mittelpunkt stehen aber Abbau bzw. Reorganisation bestehender familiärer Beziehungen, weil hier die Wahrscheinlichkeit überfordernder Konfliktverläufe am größten ist. Der erste Teil der Gegenstandsbestimmung – „Erleben und Verhalten …" – bezieht sich nicht nur auf Konfliktbetroffene, z. B. die Bewältigungsstrategien von Kindern oder das Streitverhalten von Eltern in Trennungsfamilien, sondern durchaus auch auf das (Re-)Agieren beteiligter Konfliktmanager, z. B. Richter, Jugendamtsmitarbeiter oder Gutachter.

Diese Gegenstandsbestimmung ergibt sich auch aus ihrem historischen Standort. Wenn den erweiterten familiären und auch nicht familiären Formen dauerhaften Zusammenlebens Rechnung getragen wird, wenn zwangsläufig über den nationalstaatlichen Rahmen hinaus reguliert werden muss, und wenn das geltende Familienrecht sich von der vorrangigen Orientierung auf konflikthafte Phasen der Familienentwicklung, wie Zerfall und Reorganisation löst, wird sich auch der Gegenstand der Familienrechtspsychologie verändern. Dies ist nur so denkbar, dass ein komplexes Verständnis von Familienentwicklung als Kontext für rechtliche Eingriffe bzw. Regelungen wirkt. Dazu können wiederum Familienpsychologie und -soziologie beitragen.

Die *Aufgaben* und *Arbeitsgebiete* der Familienrechtspsychologie sind als Teilmenge jener Aufgaben und Arbeitsgebiete zu entnehmen, die in Abschnitt 2.2. für die Rechtspsychologie insgesamt genannt werden. Als *spezifische Akzente* sind zu beachten:

- die Fokussierung auf ein soziales Gebilde, die Familie, und deren Verständnis als in ständiger Entwicklung begriffenes intimes Beziehungsgefüge mit divergenten Bedürfnissen als Konfliktpotential;
- die Grenzen der Familie bzw. der Konfliktparteien, aus eigenen Kräften und autonom Konflikte zu bewältigen und dabei die Interessen aller Beteiligten, vor allem der Kinder, zu berücksichtigen;
- das Interesse des Staates, familiäre Konfliktverläufe so zu gestalten, dass die Interessen Beteiligter, vor allem der Kinder, berücksichtigt und nicht schädlicherweise missachtet werden und dass die sinnvolle, vor allem kindeswohldienliche Entwicklung bzw. Reorganisation der Familie erleichtert wird;
- die Potenzen des Rechts, sowohl den Konflikt zu übernehmen und direkt zu regulieren als auch den Konflikt an die Parteien zurückzugeben, und zwar mit rechtlichen Vorgaben, z. B. außergerichtliche Hilfe zu nutzen.

2.1.2 Grundlagen

Wurzeln der Familienrechtspsychologie finden sich in der Rechtspsychologie, der Familienpsychologie sowie im Familien- und Jugendhilferecht.

Rechtspsychologie

Die Rechtspsychologie ist einer der ältesten Zweige der angewandten Psychologie. Schon Ende des 18. Jahrhunderts (Schaumann 1792) und im Verlaufe des 19. Jahrhunderts erschienen erste systematische Darstellungen (Hoffbauer 1808; Friedreich 1835; Krafft-Ebbing 1872) sowie Arbeiten zu Spezialproblemen (Mittermaier 1834), der Vernehmung und der Charakterologie von Beschuldigten (Jagemann 1838) mit Nähe zum Gedankengut von Aufklärung und bürgerlicher Emanzipation. Mit der Etablierung der Psychologie als selbständiger Wissenschaft am Beginn des 20. Jahrhunderts formierte sich die Forensische Psychologie – noch stark im Gewand der Aussagepsychologie. In der zweiten Hälfte des letzten Jahrhunderts erfolgte eine Ausweitung im Sinne einer umfassenderen Rechtspsychologie (ausführlicher zur Geschichte des Zweiges bei Undeutsch 1967; Wegener 1997; Dettenborn u. a. 1989; Kette 1987; Hommers 1991; Steller 1989).

Gegenstand der Rechtspsychologie sind Erleben und Verhalten mit Bezug zum Recht, d. h., beim Befolgen bzw. Missachten, beim Nutzen und Missbrauchen, Durchsetzen oder Weiterentwickeln des Rechts. Die Aufgaben der Rechtspsychologie sind (Lösel & Bender 2000; Hommers 1991):

(1) Beitrag zu effektiver Rechtsverwirklichung
- *de lege lata (Durchsetzung geltenden Rechts, z. B. sachgerechte Konfliktbehandlung im Sorgerechtsverfahren)*
- *de lege ferenda (Anwendung der Psychologie bei Gesetzesänderungen)*

(2) Analyse der Erlebens- und Verhaltensweisen der im Rechtssystem agierenden Personen und Gruppen, d. h. bei professionellen Rechtsanwendern, wie bei Klägern, Beklagten, Beschuldigten oder Zeugen (z. B. Untersuchungen zur Verhandlungsführung, zur Vernehmung, zum Zeugenverhalten, zur Täter-Opfer-Beziehung)

(3) Analyse der Entstehung, Funktionsweise und Wirkung des Rechts unter psychologischem Aspekt
- *psychologisch relevante Grundannahmen des Rechts*
- *Grundprozesse der Urteilsbildung beteiligter Individuen, Gruppen und Institutionen*

Die sehr komplexen *Arbeitsgebiete* kann man nach ganz unterschiedlichen Kriterien gliedern, wobei Überschneidungen nicht zu vermeiden sind (systematische Übersichten bei Dettenborn u. a. 1989; Lösel & Bender 2000):

(1) Allgemeiner Gegenstand.

- Forensische Psychologie (lat.: forum = Markt, Gerichtsplatz): Zeugenpsychologie, Täterpsychologie, Beurteilung psychologischer Fragestellungen innerhalb von familienrechtlichen Konfliktkonstellationen, Verhandlungspsychologie, Konfliktlösungen.
- Kriminalpsychologie: Beschreibung, Erklärung, Prognose und Prävention kriminellen Verhaltens, aber auch des Opferwerdens; Aspekte der Polizeiarbeit, des institutionellen Justizhandelns incl. Vollzugspsychologie; forensische Psychotherapie und Prognosearbeit.
- Rechtspsychologie: Historisch jüngere Untersuchung der Annahmen des Rechts im Verhältnis zu Bedürfnissen der Rechtsnormadressaten; Verhältnis von öffentlicher Meinung und Rechtssetzung; psychologische Annahmen von Rechtsnormen (z. B. Schuldkonzept); rechtliche Sozialisation des Menschen; Quellen der Rechtsschöpfung und Mechanismen der Rechtsentwicklung.

(2) Psychologische Problemebene.

- Diagnostik (z. B. der Erziehungsfähigkeit von Eltern oder der Urteilskompetenz von Richtern);
- Erklärung (z. B. der Ursachen strafbaren Handelns oder der Prinzipien richterlicher Strafzumessung);
- Prognose (z. B. der Rückfallwahrscheinlichkeit von Tätern oder der Beachtung der Wohlverhaltensklausel bei der Gestaltung des Umgangs mit dem Kind durch Eltern gemäß § 1684 Abs. 2 BGB);
- Intervention (z. B. Mediation im Familienkonflikt oder Kompetenztraining für Juristen);
- Psychotherapie (nicht nur als Straftäterbehandlung, sondern auch im Bereich der Sozialgerichtsbarkeit, des Betreuungsrechts, der Viktimologie, der freiwilligen Gerichtsbarkeit).

(3) Rechtliche Problemebene.

- Analyse der Postulate von Rechtsnormen (z. B. zur Generalprävention oder zur Schuld);
- Analyse des Verhaltens von Rechtsnormadressaten (Beachtung, Missachtung, Nutzung, Missbrauch von Rechtsnormen);
- Analyse der Rechtsanwendung (z. B. bei Sorgerechtsentzug oder vorzeitiger Entlassung aus dem Strafvollzug).

(4) Rechtsbereich. Der Bereich des Strafrechts ist ungleich besser rechtspsychologisch bearbeitet als die Bereiche des Zivilrechts, Familienrechts, Verkehrsrechts, Arbeitsrechts oder Sozialrechts.

(5) Untersuchte Personen. Im Mittelpunkt rechtspsychologischer Forschung oder praktischer Anwendung können einzelne Personen stehen (z. B. im Sinne der Täterpsychologie oder auch der Psychologie des Richters) oder Personengruppen (z. B. die Dynamik krimineller Gruppen) aber auch Beziehungen zwischen Personen (z. B. die Täter-Opfer-Beziehung, oder die Interaktion von Bürger und Polizei).

(6) Adressat bzw. Nutzer. Psychologen (z. B. im Strafvollzug oder als Gutachter) sind die eine große Adressatengruppe rechtspsychologischer Forschung – und zugleich Produzenten von Fachwissen. Juristen sind die anderen Hauptadressaten, ferner Mitarbeiter in der Polizei, in Jugendämtern sowie weitere an der Umsetzung des Rechts beteiligte Professionen.

Familienpsychologie

Gegenstand der Familienpsychologie sind Erleben und Verhalten in Familienbeziehungen und in den Beziehungen zur Familie. Relative Übereinstimmung besteht in der beziehungspsychologischen Akzentsetzung (L'Abate 1983; Schneewind 2006, 2000; Hofer u. a. 1992; Petzold 1992). Interaktions- und Kommunikationsprozesse interessieren als Kern des Lebens von und in Familien. Dabei ist nicht nur gegenwärtig reale Teilhabe an den Beziehungen gemeint, sondern auch die gemeinsame Beziehungsgeschichte als Erfahrungshintergrund unter Einschluss der Mehrgenerationenperspektive.

Die Familienpsychologie ist in Deutschland noch kaum institutionalisiert, sondern eher durch interessante Forschungsfragen und -ergebnisse ursprünglich pädagogisch-psychologischen und entwicklungspsychologischen Inhalts etabliert. Sie ist ein relativ junger Bereich im Reigen diverser Familienwissenschaften wie Familiensoziologie, -pädagogik, -medizin, -ökonomie, -recht, -ethnologie und sieht sich selbst im Aufwind (Schneewind 2006, 2000). Damit – aber auch mit der Dynamik realer Familienformen – hängt es zusammen, wenn der Begriff „Familie“ keinesfalls klar bestimmt ist. Soll „Verwandtschaft“ ein Kriterium sein oder die subjektiv wahrgenommene Zugehörigkeit zu einer Familie? Sind mehrere Generationen eine Bedingung oder nicht? Sind Anforderungen an die Qualität von Beziehungen und Bindungen das Ausschlag gebende oder deren Dauerhaftigkeit, oder reicht formal gemeinschaftlicher Lebensvollzug? Und was ist mit den beiden Elternteilen, die sich trennen, die aber für die Kinder die Eltern bleiben, andererseits jeweils wieder heiraten, den Kindern Stiefelternteile bescheren? Wo ist da für wen Familie, wo nicht mehr? Welche Rolle spielt Elternstatus ohne Verwandtschaft, z. B. infolge Adoption oder heterologer Insemination? Sind nur heterosexuelle oder auch homosexuelle Beziehungen eingeschlossen?

Im engeren Rahmen der biologisch-sozialen Doppelnatur der Familie nach König (1974) werden Kernfamilien, Adoptivfamilien, Familien mit heterologer Insemination und Stief-Familien (Hoffmann-Riem 1998) unterschieden. Oder es werden generalisierte Tendenzen extrahiert, z. B. von der „Notgemeinschaft“ bis zur „Wahlverwandtschaft“ (Beck-Gernsheim 1994, 3).

Für das Familienrecht ist es sicher sinnvoll, neben der Kernfamilie folgende Formen sozialer Elternschaft zu unterscheiden (Putkammer 2000):

- die Stieffamilie, die nach dem Zerfall der Kernfamilie durch Scheidung oder Tod eines leiblichen Elternteils, entsteht;
- die Pflegefamilie, die dem Kind eine nicht funktionierende Familie ersetzen soll, in der die Eltern ihre Pflichten dem Kind gegenüber nicht ausreichend wahrnehmen;
- die Betreuung durch eine Tagesmutter (Tagespflege) erfolgt parallel zum Leben in der Kernfamilie, meist wegen der Berufstätigkeit der Eltern.

Angesichts der Globalisierung der Familienformen ist nach Schwab (2007) der Familienbegriff inzwischen offen für vieles, was nicht pures Single-Dasein ist, wobei allerdings im Sozialrecht mit der „Bedarfsgemeinschaft“ eine Rückkehr zu alten Familienbildern mit offensichtlich kameralistischem Hintergrund vorliegt. Schneewind (1997) befürchtet die Aushöhlung des Familienbegriffs und sieht den Ausweg in folgender Definition: Familien sind Varianten intimer Beziehungssysteme, die sich durch folgende vier Kriterien von anderen Beziehungssystemen (z. B. im Beruf oder im Sport) unterscheiden:

(1) Abgrenzung: Zwei oder mehr Personen gestalten ihr Leben raumzeitlich abgehoben von anderen nach bestimmten Regeln.
(2) Privatheit: Umgrenzter Lebensraum (z. B. eine Wohnung) mit wechselseitigem Verhaltensaustausch.
(3) Dauerhaftigkeit: Längerfristige Gemeinsamkeit als Resultat von Bedingungen, Verpflichtungen und Zielen.
(4) Nähe: Realisierung von physischer, geistiger und emotionaler Intimität (Schneewind 1999).

Aufgabe der Familienpsychologie ist es, psychologische Theorien, Methoden und Erkenntnisse für die Beschreibung, Erklärung, Vorhersage und Beeinflussung von Familienbeziehungen und -entwicklungen bereitzustellen und anzuwenden. Zentrale Themen und zugleich Arbeitsgebiete sind dabei: System, Struktur und Funktion von Familien, Familienentwicklung, Kommunikation in Familien, Familienerziehung unter besonderer Berücksichtigung der verschiedenen Formen von Elternschaft, Familienstress, Familiendiagnostik, Prävention familiärer Fehlentwicklung, Familienintervention. Jedes dieser Themen ist zugleich von zentraler Bedeutsamkeit für die Familienrechtspsychologie. Dies wird allein schon an der sinkenden Stabilität von Familien, d. h. dem Anstieg von Trennungen und Scheidungen, dem damit verbundenen Wechsel von Familienbeziehungen für Kinder und Jugendliche und den oft daraus resultierenden Belastungen sowohl für die Eltern als auch für die Kinder deutlich.

Familien- und Jugendhilferecht

Wir wechseln hier die Ebene. Es geht nicht mehr um ein Fachgebiet bzw. einen Wissenschaftszweig. Das war bisher die Psychologie – gemäß dem Thema des Buches. Jetzt geht es um ein Regelungsinstrument mit seiner materiellrechtlichen und seiner verfahrensrechtlichen Seite.

Da die Familie zu den wichtigsten Grundlagen des gemeinschaftlichen Lebens und einer funktionierenden Gesellschaft gehört, ist sie unter den besonderen Schutz der staatlichen Ordnung gestellt (Art. 6, Abs. 1 GG) und ausführlich im Familienrecht zum Regelungsgegenstand gemacht worden. Das Familienrecht umfasst den genannten Komplex geltender Rechtsregeln, die sich auf Ehe, auf Verwandtschaft und auf Vormundschaft incl. Betreuung beziehen. Es ist im

Wesentlichen im vierten Buch des BGB fixiert. Dort ist im Ersten Abschnitt die „Bürgerliche Ehe“ der Regelungsgegenstand mit Titeln wie Ehefähigkeit, Eheschließung, Aufhebung der Ehe, Wirkungen der Ehe, eheliches Güterrecht, Scheidung der Ehe. Im Zweiten Abschnitt ist Verwandtschaft das Thema. In unserem Zusammenhang bildet das Kindschaftsrecht den Kern. Im Dritten Abschnitt geht es um die Vormundschaft, Pflegschaft und Betreuung.

Kinder- und Jugendhilferecht. Es ist fixiert im Sozialgesetzbuch VIII. Es wird oft synonym mit dem Kinder- und Jugendhilfegesetz (KJHG) verwendet, was jedoch nach Wiesner (2006) unrichtig ist, da das KJHG nicht an den Änderungen des Stammgesetzes, d. h. des Sozialgesetzbuchs VIII teilhat. Als Sozialleistungsgesetz fixiert es die Funktion der Kinder- und Jugendhilfe, die Interessen von Kindern, Jugendlichen und deren Familien zu vertreten, z. B. Kinder und Jugendliche in ihrer individuellen Entwicklung zu fördern und sie vor Gefährdungen zu schützen sowie die Eltern bei der Erziehung zu beraten und zu unterstützen. Das alles geschieht im Spannungsfeld von offensiv-fördernder, antizipierender Gestaltung und reaktivem Eingriff. Welch sensibler und fluider Bereich der Rechtspolitik hier berührt ist, zeigt sich darin, wie häufig Regelungen des SGB VIII geändert werden, und an den bewegten Diskussionen um Ziele, Grundorientierungen und Qualitätsstandards (vgl. dazu Münder u. a. 2006). In den Ambitionen des SGB VIII sind – bei allen Wechselbeziehungen – zwei Schwerpunkte zu unterscheiden: die sozialpädagogische Orientierung auf Sozialleistungen bei Anerkennung subjektiver Rechtsansprüche der Betroffenen und die ordnungsrechtliche Orientierung, die auch das Handeln der Jugendhilfe ohne oder gegen den Willen der Betroffenen einschließt.

Die Fiktion eines Perspektivenwechsels (Wiesner 2006) vom reaktiven Eingriff hin zur fördernden Gestaltung würde korrespondieren mit der aktuellen Tendenz zum deeskalierenden Intervenieren im Familiengerichtsverfahren (s. Kap. 6). Die sozialpädagogischen Leistungen sind systematisiert in einem Katalog entsprechender Jugendhilfeangebote, vor allem im Zweiten Kapitel des SGB VIII. Dazu gehören z. B. Jugendarbeit, Jugendsozialarbeit, Beratung in Fragen der Partnerschaft, Trennung und Scheidung, Unterstützung bei der Ausübung der Personensorge, Betreuung und Versorgung des Kindes in Notsituationen, Hilfe zur Erziehung, Vollzeitpflege, Heimerziehung, Eingliederungshilfe für seelisch behinderte Kinder.

Die ordnungsrechtlichen Elemente mit Bezug zum staatlichen Wächteramt sind vor allem im Dritten Kapitel des SGB VIII fixiert. Fürsorge-, Schutz- und Überwachungsfunktionen stehen im Vordergrund, z. B. Verfahrensvorschriften für den Umgang mit Hinweisen auf Kindeswohlgefährdung in § 8a, vorläufige Maßnahmen zum Schutz von Kindern und Jugendlichen wie Inobhutnahme (§ 42) oder Beistandschaft, Pflegschaft und Vormundschaft für Kinder und Jugendliche (§§ 53–58a), ferner die Mitwirkung in gerichtlichen Verfahren (§§ 50–52).

2.1.3 Widersprüche und Tendenzen

Es sind vor allem die Widersprüche, die die Dynamik des Gegenstandes, z. B. der Inhalte des Kindeswohls, und die Dynamik der Beschäftigung mit diesem Gegenstand ausmachen. Sie werden hier als Entwicklungsantrieb, also als etwas Positives, angesehen. Deshalb kann die Analyse solcher Widersprüche helfen, den Gegenstand und die Aufgaben der Familienrechtspsychologie zu verdeutlichen sowie Tendenzen aufzuzeigen. Dabei sind Widersprüche im Rechtssystem einerseits und Widersprüche zwischen Recht und Psychologie andererseits zu unterscheiden.

Widersprüche im Rechtssystem

(1) Das undefinierte Regelungsobjekt: Obwohl die Familie Regelungsobjekt und Mittelpunkt ist, existiert im Familienrecht kein spezifischer Rechtsbegriff der Familie. Er wird aber postuliert. Das kann daraus abgeleitet werden, dass das Wort „Familie“ sowohl im Grundgesetz (Art. 6, Abs. 1) als auch im BGB (z. B. §§ 1357 und 1360) verwendet wird. Das dabei zu Grunde liegende Verständnis von Familie resultiert im Wesentlichen offenbar aus zwei Zwängen:

a) Pragmatische Gründe und Normzwecke bestimmen, wie Familie konkret verstanden wird. Damit wird es möglich, bestimmte Rechtsbeziehungen mit spezifischen Normen zu regeln, d. h. die Ehe mit dem Eherecht, gemeinsame Elternschaft mit einzelnen Rechtsvorschriften und nicht eheliches Zusammenleben nach dem allgemeinen Zivilrecht, d. h. nicht nach dem Familienrecht (Schwab 2006).

b) Reale Entwicklungstendenzen des sozialen Gebildes Familie, die Reflexionen darüber in Familiensoziologie, -psychologie, -medizin, -rechtswissenschaft sowie die daraus abgeleiteten Interessen, die in der Familienpolitik formuliert werden, sind die andere Quelle des Verständnisses von Familie im Familienrecht. Es korrespondiert mit dem „Zeitgeist" zu diesem Thema, was an der Trennung von Familie und Ehe exemplarisch sichtbar ist.

Sicher ist der Einfluss des „Zeitgeistes" auf das rechtliche Verständnis von Familie sowohl in der Gesetzgebung als auch in der Rechtsprechung die dominante Wirkungsrichtung.

Die konservative Familienordnung, die dem BGB aus dem Jahre 1896 zu Grunde lag, war seitdem in diesem Sinne permanentes „Angriffsobjekt". Weit mehr als hundert Gesetzesänderungen führten dazu, dass nur wenige Bestimmungen der Erstfassung des BGB noch gelten. In den letzten Dekaden näherte sich z. B. das Gewicht von Verwandtschaft und von nicht verheirateten Kindeseltern als Regelungsgegenstand an. Ein radikaler Perspektivwechsel von den Eltern(rechten) hin zum Kindeswohl erfolgte. Oder: Weil Scheidungen infolge des liberalen „Zeitgeistes" immer häufiger und damit „normaler" wurden, mussten im Eherecht die Barrieren für Scheidung niedriger gestaltet werden. Andere Beispiele sind die zuletzt 1998 geänderten Gesetze zur Gleichberechtigung von Mann und Frau, zur Stellung nicht ehelicher Kinder, ferner die Regelung, es zunächst der Entscheidung der Eltern zu überlassen, wie die elterliche Sorge nach Scheidung gehandhabt wird.

Umgekehrt hängt die Familie als reale Sozietät auch vom jeweils geltenden Familienrecht ab. Zwar werden die Gesellschaft gestaltenden Einflüsse von Rechtsreformen allgemein für eher bescheiden und schwer nachweisbar gehalten (Limbach 1998). Dennoch kann davon ausgegangen werden, dass verändertes Recht sich auf gesellschaftliche Prozesse auswirkt.

Die rechtliche Gleichstellung ehelicher Kinder mit nicht ehelichen Kindern schafft z. B. Fakten für alle Beteiligten. Oder: Der leichtere Vollzug der Scheidung im Rahmen eines mehrfach liberalisierten Scheidungsrechts minderte Hemmschwellen und erhöhte seinerseits die Häufigkeit.

Diese Wechselwirkungen zwischen sozialem Wandel und Familienrecht enthalten eine Reihe von Aufgaben für die Rechtspsychologie. Sie bergen Tendenzen, die den Nachfragedruck in Richtung Psychologie erhöhen.

(2) Die regulierte Selbstregulation: Ein Beispiel für einen solchen Ansatzpunkt ist das in der Psychologie wohl bekannte Paradoxon, Selbststeuerung von Personen oder Gruppen durch Fremdsteuerung erreichen zu wollen. Es nimmt hier die Gestalt an, die Selbstregulierung der Familie regulieren zu wollen (ausfürlich s. Kap. 6). Das wird zusätzlich dadurch psychologisch relevant, dass es ja auch für den Konfliktfall gelten soll, der meist mit Stress und Beziehungsstörung verbunden ist, also mit Faktoren, die rationale Selbststeuerung erschweren. Einige der im Folgenden genannten Widersprüche ergeben sich aus diesem Paradoxon.

(3) Autonomie und Intervention: Einerseits ist die Familie gemäß Grundgesetz als autonom zu achten und größtmögliche Freiheit von staatlichen Eingriffen ist zu gewährleisten. Andererseits interveniert der Staat, wenn die Rechte des Kindes auf ein selbstbestimmtes Leben, bzw. das Wohl des Kindes gefährdet sind. Er nimmt mittels Recht sein „staatliches Wächteramt“ (Art. 6, Abs. 2 GG) wahr, auch gegen die Eltern. Die Privatheit der Familie ist nicht mehr geschützt. Entsprechend ist das Elternrecht – ebenfalls gegründet auf Art. 6, Abs. 2 GG – einerseits Abwehrrecht des Bürgers gegen den Staat und Befugnis zur Ausgestaltung des Kindeswohls. Andererseits schließt es nicht etwa das Interpretationsprimat der Eltern für das Kindeswohl ein. Und es schließt das Eingriffsrecht des Staates bei gefährdender Kindeswohlinterpretation der Eltern nicht aus (Willutzki 2000; Balloff 2004).

(4) Autonomie und Schutzbedarf: Die Tendenz, den Beteiligten an Familienrechtsbeziehungen und damit -konflikten immer mehr Autonomie und individuellen Entscheidungsraum zuzugestehen, ist zwangsläufig verbunden mit dem Wegfall von vielleicht teilweise einengenden, aber bei Bedarf auch ordnenden, (vor)sorgenden, den Schwächeren schützenden Bestimmungen (Münder 2000a). Damit werden aber auch dem individuell Bedürftigen oder Schwächeren Schutz, Sicherheiten und Orientierung entzogen. Mit anderen Worten: Das autonome Rechtssubjekt, dessen Anspruch auf individuelle Entscheidungsfreiheit rechtlich voll akzeptiert ist, kann in erheblichen Beratungsbedarf innerhalb nicht mehr beherrschbarer Konflikte und Abhängigkeiten kommen, d. h. in psychische Not, so dass bereits befürchtet wird, dass reale Ungleichheit und individuelle Unterlegenheit „auf dem Altar einer formalen Autonomie geopfert wird“ (Münder 2000a, 206).

(5) Anspruch und Kompetenz: Eng damit verbunden ist die mögliche Kluft zwischen dem Anspruch von Beteiligten an Familienkonflikten, ihre Angelegenheiten selbstständig zu regeln, und dem wirklichen Vermögen dazu. Es sind zutiefst psychologisch relevante Gründe, warum anstehende Konflikte zeitweilig eben gerade nicht selbstständig gelöst werden können.

(6) Entregelung erfordert Regelung: Teilweise werden aber diese Widersprüche wohl vom Gesetzgeber antizipiert und führen zu divergenten Regelungstendenzen, d. h. neuen Widersprüchen. Durch Entregelung entstehende Schutz- und Beratungsbedürfnisse werden durch neue Regelungen berücksichtigt (Münder 2000a). Die größere Autonomie der Eltern bezüglich der gemeinsamen elterlichen Sorge nach Trennung wird z. B. kontrollierbarer gemacht, indem wiederum „Alleinentscheidungsbefugnisse bei gemeinsamer Sorge“ getrennt lebender Eltern geregelt werden (§ 1687 Abs. 1 BGB). Um die Rückkopplung der freien Willensbildungsprozesse der Beteiligten zum Gericht zu sichern, sind detaillierte Anhörungsvorschriften im FGG implantiert worden.

(7) Objektives Urteilen trotz unbestimmten Rechts: Es besteht zunächst ein Widerspruch zwischen den allgemein in Gesetzestexten formulierten Anforderungen an Beteiligte und ihre konkrete Gestaltung als Rechte und Pflichten. Die Folge ist ein relativ hoher Anteil an unbestimmtem Recht. Es kann z. B. nicht explizit formuliert werden, wann ein Kind widerrechtlich einem Elternteil vorenthalten wird oder was es bedeutet, „seit längerer Zeit“ in Familienpflege zu leben (§ 1632, Abs. 4 BGB). Hieraus ergibt sich der eigentliche Widerspruch. Der Nachteil solchermaßen „elastischen Rechts“ ist nach Gernhuber & Coester-Waltjen (2006): Ausgleich wird durch subtile Sachverhaltskenntnis und Wertentfaltung des Richters erwartet. Dieser müsse aber überfordert sein angesichts der unzähligen Einzelheiten, z. B. eines misslungenen Eheverlaufs zur Scheidung hin. Das subjektive Urteilen aus eigenem Werterleben gefährde Gleichheit in der Rechtsprechung, und es behindere Transparenz.

Wenn dies so ist, erscheint es umso angemessener, psychologische Kompetenz auszubilden und systematisch die Psychologie als Erkenntnisquelle zu nutzen. Das rückt aber eine ganz andere Sparte von Widersprüchen in den Mittelpunkt der Aufmerksamkeit.

Widersprüche zwischen Recht und Psychologie

Sowohl im Recht als auch in der Psychologie spielen Verhaltensregeln, bzw. die Regulierung menschlichen Miteinanders, eine zentrale Rolle. Deshalb gehören auch psychische Prozesse wie Wahrnehmen, Erinnern, Urteilen sowie Kontrolle, Vorhersage und Beeinflussung von Verhalten zum Gegenstand beider Bereiche. Rechtsnormen können als Instrument zur Regelung individuellen Verhaltens und sozialer Beziehungen nur funktionieren, wenn bei der Setzung und bei der Durchsetzung ihre psychischen Triebfedern berücksichtigt werden.

Gesetzen, Rechtsinstitutionen, rechtlichen Verfahren und Entscheidungsprozeduren liegen immer auch Annahmen über die Determinanten menschlichen Verhaltens und Erlebens zu Grunde, auch wenn diese kaum genannt und reflektiert werden. Je mehr Rechtssetzung und Rechtsanwendung als lediglich normativ-dogmatische Institution zelebriert wird, desto unschärfer spiegeln sich jene Verhältnisse, die sie regeln soll. Damit mag es zusammenhängen, wenn es oft sehr lange dauert, ehe veränderte Akzente in den Realbeziehungen und Einstellungen der Mehrheit sich auf die Fortentwicklung des Rechts auswirken. Beispiele sind die Aufgabe des Schuld- zugunsten des Zerrüttungsprinzips im Scheidungsrecht, die Umorientierung vom Elternrecht hin zum Kindeswohl oder der Wandel der Stellung nicht ehelicher Kinder und die damit verbundene Neubewertung dauerhafter Lebenspartnerschaften im Kindschaftsrecht.

Nicht zuletzt sind es Unterschiede zwischen Recht und Psychologie, die sich hemmend auswirken, weil sie ungenügend als Vorteile genutzt werden. Am häufigsten wird auf jenen Aspekt verwiesen, den Wrightsman (1991) zusammenfasst in der Feststellung „Law is doctrinal; psychology is empirical". Dahinter stehen allerdings unterschiedliche Begründungen. Der Gegensatz zwischen den generellen Festschreibungen des normativen Ansatzes im Recht (z. B. verbindliche Altersgrenzen) und der Ausrichtung der Psychologie auf eine empirisch fassbare Zielkategorie steht für Lösel und Bender (2000) im Mittelpunkt. Eine Folge mag der Unterschied zwischen Herstellen von Gerechtigkeit bzw. Konfliktlösung und Suchen nach wissenschaftlicher Wahrheit sein (Carson & Bull 1995; Wrightsman 1991).

Weniger ein grundsätzlicher Unterschied als ein durchgängiges Dilemma betrifft das Nebeneinander von einheitlicher Rechtsauffassung (Gesetze, Kommentare, höchstrichterliche Rechtsprechung) und Pluralismus der Theorien und Methoden in der Psychologie (Lösel & Bender 2000; Wrightsman 1991). Schon die Tatsache unterschiedlicher Gutachterschulen oder Testnutzungskonzeptionen oder gar verschiedener Erklärungsmöglichkeiten für dieselbe kriminelle Handlung kann Unbehagen bei dem Rechtspraktiker hervorrufen, der pluralistische Empirie und Theorie nicht als Vorteil wahrnimmt.

Ein markanter Unterschied ist der zwischen dem einer rigiden Ja/Nein-Logik des juristischen Systems folgenden Erkenntnisinteresse des Rechts bzw. dem Verlangen der Rechtspraxis nach gesicherten Aussagen einerseits und dem Wahrscheinlichkeitscharakter von selbst empirisch gut abgesicherten Aussagen in der Psychologie andererseits (Kowerk 1988; Lösel & Bender 2000; Welker 2000). Der Jurist will z. B. wissen, ob die Aussage eines Kindes glaubhaft ist oder nicht, ob der Kindeswille dem Kindeswohl entspricht oder nicht. Der psychologische Gutachter ist Vertreter seines Faches, aber auch Teil des Rechtssystems und dessen Regeln unterworfen. Er muss sich entscheiden, ob er die Potenzen seiner Methodik und Denkweise ausschöpft oder seine Erkenntnisse auf die Ansprüche der binären Rechtslogik reduziert (Welker 2000).

Bierbrauer (1989, 254) meint etwas überspitzt, dass Juristen „die Wirklichkeit durch strikte Konditionalprogramme" bewältigen, nach denen z. B. eben Tatbestandsmerkmale einer Norm immer Rechtsfolgen nach sich ziehen. Von juristischer Seite wird dies ebenso gesehen, z. B. von Hoffmann-Riem (1998). Zu den Schlussfolgerungen gehört, dass das Denken in Wahrscheinlichkeiten bei Juristen gefördert werden muss, aber auch die psychologischen Wahrscheinlichkeitsaussagen durch Forschung verbessert werden müssen (Lösel & Bender 2000).

Inwieweit diese Unterschiede in produktive Antriebe verwandelt und als Vorteile genutzt werden, hängt auch ab vom Grad der Asymmetrie in den Beziehungen von Recht und Psychologie. Psychologie kann nur Angebote machen. Es besteht ein asymmetrisches Verhältnis. Interessen und Zwänge innerhalb des Rechtssystems bestimmen die Öffnung für Einflüsse der Humanwissenschaften. Der natürliche

Machtvorteil ermöglicht z. B. zu bestimmen, was nützlich ist. Es ließe sich schon an den Gebrauch von Definitionsmacht denken, wenn der Verdacht von Willutzki (2000, 385) stimmt, „dass die Juristen, die Richter zumal, die Chance genutzt haben, den Einbruch fachfremder Wissenschaften in ihre Entscheidungsdomäne, der vielen von ihnen stets unheimlich und bedrohlich erschienen ist, wieder aus der Welt zu schaffen durch den Verweis auf die Instabilität humanwissenschaftlicher Erkenntnisse".

Das kann im Sinne der Rechtssicherheit sein, nicht aber, wenn abgeblockt wird, was gebraucht wird. Was aber ist der Maßstab? Hier eröffnet sich ein nächster Widerspruch. Einerseits ist der Schaden mangelnder Psychologieanwendung im Recht nicht geringer als in anderen Bereichen. Andererseits werden Kriterien für den Nutzen nicht so gesucht und angewendet, wie sie in anderen Anwendungsbereichen der Psychologie, z. B. über Unfallstatistiken, ökonomische Kennziffern, Lern- und Qualifizierungseffekte bei Problemlösungen, Leistungsstatistiken, gefunden wurden.

Interessant ist die Feststellung des Richters Vultejus (1998, 598): „Die Qualität der Dienstleistungen der Justiz ist nur mit Schwierigkeiten zu messen. An erster Stelle steht gewiss die ‚Richtigkeit' der richterlichen Entscheidungen. Nur haben wir keine Möglichkeit, sie zu messen. Man könnte daran denken, die Zahl der Abänderungen richterlicher Entscheidungen in der zweiten oder dritten Instanz zu zählen. Doch wer sagt uns, ob die Entscheidung der höheren Instanz richtig ist und die der abgeänderten ersten Instanz falsch war?" Wenn es aber so ist, dass es allenfalls den Rechtsmittelgebrauch bzw. die Instanzennutzung als Qualitätskriterium gibt, dann schlägt nicht zu Buche, ob sich ein Jurist ausschließlich auf seine private Alltagserfahrung und seine Trivialtheorien stützt oder auch auf Erkenntnisse der Humanwissenschaften. Die negativen Folgen in der Rechtsprechung sind nicht identifizierbar. Sie können deshalb als Korrekturantrieb nicht wirksam werden. Die Psychologie hat es schwerer als in anderen Bereichen, ihre Effektivität nachzuweisen.

Die heftigste Beachtung findet Familienrechtspsychologie durch Kritik an Gutachten bzw. Gutachtern. Sie ist kurzfristig, aber verlässlich wiederkehrend, oft je nach Ideologie oder prozessualer Rolle einander entgegen gesetzt, z. B. der Vorwurf, zu Mütter orientiert oder zu Väter orientiert zu sein. Die Meinung von Willutzki (1999, 3), „Familienrecht ohne Psychologie wäre geradezu ein Widerspruch in sich“, ist wohl noch nicht mehrheitsfähig. Sporadische Kooperationen führen eher zu Missverständnissen und überzogenen Erwartungen, die dann zwangsläufig enttäuscht werden. Der Rückzug auf die Alltagserfahrung ist dann der Ausweg.

Es werden wie so oft von außerhalb des Rechts einwirkende Tendenzen sein, die die systematische Zusammenarbeit von Recht und Psychologie einfordern und fördern und die bestehenden Unterschiede (s. oben) als Vorteile nutzen. Vor allem die wachsende Komplexität ökonomischer, sozialer und individueller Faktoren in der modernen Gesellschaft wird die Kompliziertheit sowohl der familiären Konflikte als auch der familienrechtlichen Regelung erhöhen. Indikatoren dafür sind z. B. steigende Scheidungszahlen, Pluralisierung von familiären Lebensformen und -normen, steigende Autonomieansprüche Konfliktbeteiligter und der wachsende Widerspruch zu den realen Lösungspotenzialen im Konfliktstress. Die Diskrepanz zwischen dieser externen Komplexität in der sozialen Realität und der internen Komplexität herkömmlichen Rechtsdenkens wächst. Gesetzgebung und Rechtsprechung können sich immer weniger ausschließlich auf ihre eigenen Funktionen im formalisierten Rechtsdurchsetzungsverfahren orientieren. Das erhöht aber den Druck, humanwissenschaftliche Denkweisen und Erkenntnisse einfließen zu lassen, und in mehrdimensionalen Kausalitäten und Wahrscheinlichkeiten zu denken.

2.2 Bausteine familienrechtspsychologischer Systematik

Im vorherigen Abschnitt wurde zunächst dargelegt, wie Familienrechtspsychologie verstanden wird. Daraus werden nun einige konzeptionelle Schwerpunkte abgeleitet und als zentrale Dimension bzw. als Schwerpunktachse (Abb. 1) diskutiert:

Konflikte in der Familie führen über *Beziehungs*gefährdung zu *Stress*. Dadurch können beteiligte Rechtssubjekte überfordert und ihre Interessen beeinträchtigt werden. Insbesondere spielen dabei der *Wille des Kindes* und das *Kindeswohl* eine Rolle, da der Schutz des Kindes zentrales Regelungsinteresse des Familien- und Jugendhilferechts ist. Es ergeben sich Rückwirkungen auf die Konfliktlage und Auswirkungen auf Interventionsbedürftigkeit und rechtliches Regelungsinteresse.

Weitere Schwerpunkte sind ableitbar, z. B. die Erziehungsfähig-

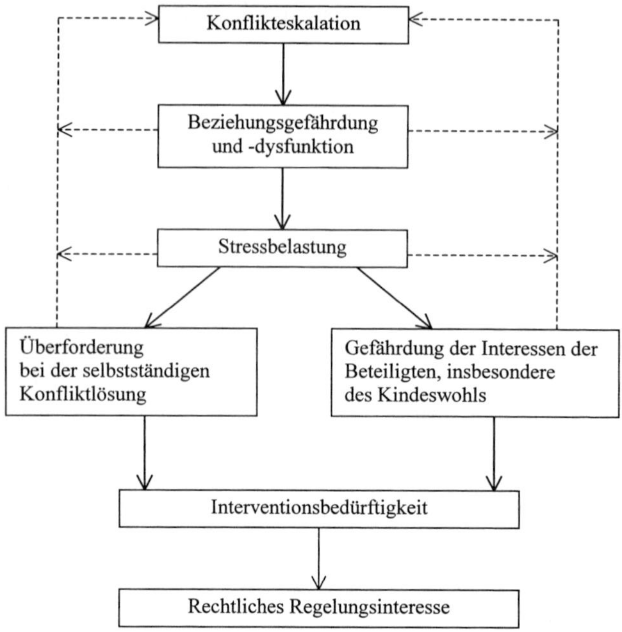

Abb. 1: *Gegenstand der Familienrechtspsychologie: Schwerpunktachse*

keit der Eltern im Rahmen der Überforderung, oder die Intervention als rechtliche und außerrechtliche Konfliktbehandlung.

Anmerkung: Familienrecht als (grobes) Instrument zur Regelung familiärer Beziehungen (s. unten) setzt natürlich nicht erst da an, wo Störungen und Komplikationen auftreten. Es will vielmehr familiäre Beziehungen und Lebensformen als notwendige Grundlage einer funktionierenden Gesellschaft gestalten helfen. Dennoch ist Familienrecht vorrangig noch auf konflikthafte Phasen der Familienentwicklung orientiert (s. oben). Für praktizierte Familienrechtspsychologie gilt das erst recht. Die Gründe dafür sind teils sachlogischer, teils historischer Art. Es ist eine alte rechtssoziologische Erkenntnis (Ehrlich 1913; Blankenburg 1980), dass es ein Indikator für einen konflikthaften Verlauf von familiären Beziehungen ist, wenn Beteiligte das Recht thematisieren und beanspruchen. Und konflikt- und stressbelastete Beziehungsverläufe sind die Schwelle, bei der Juristen sozialwissenschaftlichen Sachverstand brauchen.

Die genannten konzeptionellen Schwerpunkte sind in ihrem Zusammenhang plausibel. Sie stellen aber eher lose gefügte Flicken eines im Entstehen begriffenen Teppichs dar. Das entspricht der allgemein als unzureichend eingeschätzten theoretischen und methodologischen Basis der Familienrechtspsychologie (Rohmann 1998; Willutzki 2000).

Im Mittelpunkt dieses Buches stehen das *Kindeswohl* (Kap. 3) und der *Kindeswille* (Kap. 4). Unmittelbarer Bezug besteht zu den drei anderen Schwerpunkten Konflikt, Beziehung bzw. Bindung und Stress. Sie werden deshalb kurz eingeführt.

Konflikte. Ein traditioneller Gegenstand psychologischer Forschung sind Konflikte (Lewin 1953; Lückert 1957; Thomae 1974). Konflikte werden hier verstanden als *Gleichzeitigkeit gegensätzlicher Verhaltenstendenzen, die Ausdrucksform unterschiedlicher Bedürfnisse bzw. Interessen sind.* Der erste Teil betrifft die Oberfläche und begegnet uns in Gestalt von Bewertungen, Zielen, Absichten, Vorsätzen usw. im Vorfeld oder während des Verhaltens. Der zweite Teil benennt den Hintergrund: Wir haben Konflikte, weil wir Bedürfnisse haben. Zu unterscheiden sind innere bzw. *intrapersonale* Konflikte einer Person und äußere bzw. *interpersonale* Konflikte. Zu den *obligatorischen* Merkmalen von Konflikten gehören (Berkel 1990; Glasl 1980; Hassler 2007; Regnet 2007):

Unvermeidbarkeit: Da Bedürfnisse die Grundlage und unterschiedlich ausgerichtet sind, resultieren Konflikte zwangsläufig.
Belastung: Da eigene Intentionen auf Widerstand stoßen, Kontinuität unterbrochen wird und Routine verlassen werden muss, entsteht Anspannung.
Lösungsdruck: Weil Anspannung auf Dauer nicht ertragen wird (Ausnahme: Leidensgewinn durch Konflikt), werden Entspannung, z. B. durch Harmonie oder Ausgleich sowie Handlungsfähigkeit durch Entscheidung, angestrebt.

Eher *fakultative* Merkmale sind:

Eskalationstendenz: Wenn Konflikte unzureichend erkannt und behandelt werden, weiten sie sich auf immer mehr Themen oder Menschen aus und gewinnen an Schärfe.
Störungstendenz: Damit steigt die Wahrscheinlichkeit, dass Selbstbewusstsein, Handlungsfähigkeit oder Beziehungen labilisiert werden.

Affektstimulierung: Je mehr Stress und Überforderung dabei entstehen, desto eher sind Affekte wie Angst oder Ärger bzw. affektiv untersetzte Bedürfnisse wie Rache oder Demütigung beteiligt.
Entwicklungsantrieb: Konflikte können Quelle der Stabilisierung von Beziehungen oder des Selbstgefühls sowie der Klärung von Sachverhalten sein, wenn sie adäquat erkannt und behandelt werden.

Die Konfliktthematik ist aus drei Gründen ein Baustein familienrechtspsychologischer Systematik:

a) Der wichtigste Grund ist, dass meist von den Betroffenen selbst nicht mehr regulierbare Konflikte familienrechtlich geregelt werden sollen bzw. müssen. Interessengegensätze sind so ausgeprägt und verfestigt, dass die Vorteile „normaler" Konflikte (s. oben) nicht mehr wirksam sind.

Der direkte rechtliche Zugriff ist auf interpersonale Konflikte der Streitparteien gerichtet. Dazu gehören Zweierkonflikte (z. B. zwischen Eltern), Dreieckskonflikte (z. B. zwischen Kind, Vater und Mutter), Gruppenkonflikte (z. B. zwischen leiblichen und Pflegeeltern). Indirekt sind aber auch intrapersonale Konflikte betroffen (z. B. der Loyalitätskonflikt des Kindes in der Trennungsfamilie, der Konflikt zwischen Ablehnung eines Elternteils und den angenehmen früheren Erfahrungen mit ihm beim sog. PAS-Kind, s. Kap. 5). Die intrapersonalen Konflikte sind diagnostisch bedeutsam, weil sie das Verständnis für die gesamte Konfliktlage erleichtern. Und sie können die Richtung der Entscheidung bzw. der Intervention bestimmen. Das Kindeswohl erfordert z. B., den Loyalitätskonflikt eines Kindes zu mindern. Das bestimmt dann, auf welche Weise der interpersonale Elternkonflikt behandelt wird.

b) Ein zweiter Grund für den Stellenwert der Konfliktthematik als Baustein besteht darin, dass alle am Konfliktmanagement nach a) Beteiligten selbst Träger von Konflikten sind. Interpersonale Konflikte zwischen Richter, Gutachter oder Jugendamtsmitarbeiter einerseits und einer Streitpartei andererseits liegen in der Art der Tätigkeit. Konflikte zwischen Richtern und Rechtsanwälten können über Individuen hinausgehen und die Gestalt von Organisations- oder Berufsgruppenkonflikten annehmen (Tab. 1).

Aber auch interne Konflikte begleiten jeden am Konfliktmanage-

Tab. 1: *Familienrechtliches Konfliktgefüge*

Beispiele	Interpersonale Konflikte	Intrapersonale Konflikte
Konfliktmanager	Kompetenzstreit zwischen Jugendamt und Gericht; Normauslegungsstreit zwischen Richter und Rechtsanwalt	Richterlicher Rollenkonflikt zwischen Entscheiden und Vermitteln; Kriterienabwägung bei Sorgerechtsentscheidung durch Richter oder Gutachter
Konfliktparteien	Umgangsstreit zwischen Eltern; Interessenwidersprüche zwischen Kind und Eltern	Vertrauensdilemma eines Elternteils; Loyalitätskonflikt des Kindes
Konfliktmanager versus Konfliktparteien	Konflikte zwischen Pflegefamilie und Jugendamt; Konflikte zwischen Verfahrenspfleger und Eltern	

ment Beteiligten. So kann ein Richter zwischen Entscheiden und Vermittlung einen Rollenkonflikt erleben. Oder er möchte bei einem Sorgerechtsstreit den Vorwurf des sexuellen Kindesmissbrauchs eines Elternteils gegenüber dem anderen prüfen, indem er das Kind befragt. Andererseits möchte er das Kind lieber schonen und vor evtl. Sekundärtraumatisierungen bewahren. Oder: Ein Gutachter weiß, dass seine Empfehlung, Umgang zwischen einem geeigneten Kindesvater und einem unentschlossenen Kind nur unter Begleitung durchzuführen, ein inkonsequentes Nachgeben gegenüber der Kindesmutter wäre. Andererseits sieht er, dass ansonsten der Widerstand der Mutter zur gänzlichen Vereitelung des Umgangs führen könnte. Beispiele für inter- und intrapersonale Konflikte sind in Tab. 1 systematisiert.

c) Ein dritter Grund ist: Konfliktbehandlung und -management sind eine schwierige Aufgabe aller beteiligten Berufsgruppen. Sie umfasst adäquate Wahrnehmung, Beurteilung und Bearbeitung aller genannten Arten von Konflikten. Das bedeutet Verantwortung für andere und deren Konflikte ebenso wie Selbstmanagement als ein Teil von Professionalität, insgesamt also souveräne Metakognition in einer vielfältigen Konfliktlandschaft.

Im Mittelpunkt steht natürlich die Behandlung der Konflikte von Streitparteien mit Hilfe des Familienrechts auf rechtlichem oder außerrechtlichem Wege. In jedem Fall steigt die Wahrscheinlichkeit effektiver Konfliktbehandlung, wenn dabei psychologische Kenntnisse über Konfliktarten, über Konfliktstufen und -dynamik sowie über Konfliktlösestrategien eingebracht und genutzt werden können.

Beispiele zur Vielfalt möglicher Konfliktarten:

Verteilungskonflikte: *Entgegenstehende Interessen an begrenzt verfügbaren Gütern materieller Art, z. B. Wohnraum, Geld, oder immaterieller Art, z. B. Zuwendung oder Zeitumfang von Kontakten zum Kind.*
Bewertungs-oder Normkonflikte: *Die gleichen Sachverhalte oder Handlungsweisen, z. B. der Erziehungsstil eines Elternteils oder die Verhaltensauffälligkeit eines Kindes, werden unterschiedlich beurteilt in Bezug auf Ausprägung, Wichtigkeit, Folgen usw.*
Zielkonflikte: *Auffassungen über erstrebenswerte Ziele, z. B. der Kindererziehung, des Geldsparens oder auch einer Trennung, sind indifferent.*
Prestigekonflikte: *Wetteifern um Ansehen und Geltung bei anderen kann Streitausbruch für Geschwister untereinander ebenso sein wie Motiv für den Kampf um das Sorgerecht („wie steh ich sonst da").*
Ablösungskonflikt: *Komplikationen beim Verlassen einer engen Beziehung, z. B. zwischen Paaren, zwischen Kind bzw. Jugendlichen und Eltern bzw. Großeltern.*
Identitätskonflikt: *Widerstand dagegen, dass die Entwicklung der eigenen Identität durch starke Vereinnahmung und Zuwendung durch eine andere Person sowie die Identifikation mit dieser Person behindert wird.*
Entwicklungskonflikte: *Auseinandersetzungen, z. B. infolge unterschiedlicher Rollenkarrieren oder Verantwortlichkeitsbereichen oder Interessenspezialisierungen. Dazu gehört die unterschiedliche Gewichtung der Zuständigkeit – meist der Mutter – für die Kinder und*

des Vaters für die materiellen Grundlagen, d. h. das Geldverdienen, sowie die Folgen, wie Abbau von Gemeinsamkeiten, Aufbau von Abgrenzungen und Ressentiments.

Clankonflikte: *Hinter den Streitpersonen stehen Gruppen, z. B. die Herkunftsfamilien der Ehepartner. Sie können durch eigene Erwartungen und Ängste Interessen infiltrieren, die oft als Konfliktpotential gar nicht entdeckt werden. Die Eltern einer Streitpartei wollen die Ablösung des „Kindes" verzögern und produzieren negative Affekte gegen das „Schwiegerkind". Oder die beiden Elternpaare aus den Herkunftsfamilien streiten eskalierend um Vorrechte der Behütung und Versorgung der jungen Eheleute oder der Enkel. Dies können stellvertretende Konflikte sein, d. h., der eigentliche Konflikt liegt bei den Streitparteien. Deren Konflikte können aber auch die Folge sein.*

Rollenkonflikte: *Geschlechts-, Alters-, Eltern-, Partner-, Berufsrollen bergen Rollenerwartungen anderer, die bewusst nicht mehr akzeptiert werden (Ehefrau will nicht mehr Putzfrau sein), oder die sich unbemerkt verschoben haben (Abbau der Sorgerechtsfunktion eines Elternteils, Parentifizierung eines Kindes), oder die gar nicht erst angenommen werden (Mann lehnt es ab, Hausmann zu werden).*

Koalitionskonflikte *sind Verbündungen von zwei oder mehr Personen gegen eine Person. Dazu gehört z. B. die Ausgrenzung eines Elternteils durch Beeinflussung eines Kindes durch den anderen Elternteil. Kränkung und Gegenwehr des Ausgegrenzten sind die Folge.*

Rivalitätskonflikte *können die Folge sein, d. h. unkontrolliert ausgetragene Konkurrenz von zwei oder mehr Personen um die Zuwendung einer dritten, so der „Kampf" der Eltern um das Kind, der sich dann als sog. Loyalitätskonflikt im Kind konterkariert.*

Gerade in den Bereich des familienrechtlichen Konfliktmanagements ist in den letzten Jahren Bewegung gekommen, so dass von einem Paradigmenwandel gesprochen wird (Breidenbach 1995; Strempel 1998; Dettenborn 2000). Kernpunkte sind Gewichtsverlagerungen vom Modell der rechtsnormfixierten Konfliktvermittlung und -verhandlung, von der einseitigen Sicht auf das Verfahren und seinen juristischen Streitgegenstand hin zu den damit verbundenen sozialen Konfliktinhalten, wie Bedürfnissen oder Ängsten von Menschen auf der Metaebene, d. h. von einer bloßen Streitentscheidungslehre hin zu einer Streitbehandlungslehre bzw. einer erweiterten Verfahrenslehre, die Ausdruck einer neuen Streitkultur und eines zeitgemäßen Konfliktmanagements ist. Vereinfacht gesagt: von der bloßen Juristerei zum sozialwissenschaftlichen, vor allem psychologischen Konfliktmanagement (ausführlicher Dettenborn 2000; Proksch 2000).

Beziehungen und Bindungen. Zwischenmenschliche Beziehungen umfassen auf der Verhaltensebene Interaktionen mit wechselseitiger Einflussnahme, Abstimmung und Abgrenzung sowie auf der mentalen Ebene gegenseitige Erwartungen (z. B. Vertrauen), Einstellungen, Urteile, Ängste. Über die Inhalte und Formen solcher Interaktionen (z. B. Machtstrukturen, Komplementarität, Konfliktart und -intensität) sowie die Art der interpersonalen Wahrnehmungen und gegenseitigen Erwartungen, den internen Wertsystemen, dem Grad der Intimität realisieren und regulieren sich Beziehungen. Ausschlag gebend ist die spezifische Wechselwirkung zwischen Interaktionen und gegenseitigen Erwartungen. Hinzu kommt die Sozialkompetenz der Beteiligten, z. B. ihre Konflikttoleranz, ihre Fähigkeit zur Perspektivübernahme oder die angemessene Selbstbeurteilung. Diese Faktoren bestimmen die Qualität der Beziehungen, vor allem die wesentlichen Qualitätsmerkmale, nämlich Zufriedenheit (infolge Bedürfnisbefriedigung) in der Beziehung und Stabilität der Beziehung.

Beziehungen werden zu einem Baustein familienrechtlicher Systematik,

- weil Familien und familienähnliche Lebensformen Beziehungssysteme sind und die Qualität der Beziehungen sehr bedeutsam für die individuelle Entwicklung jedes Beteiligten ist;
- weil in Beziehungen die unterschiedlichen Interessen der an Familienbeziehungen beteiligten Personen entwickelt, entäußert, erkannt oder ignoriert, befriedigt oder frustriert werden;
- weil damit Rechte und Pflichten der Beteiligten gewährleistet oder verletzt, gestützt oder bedroht werden;
- weil Beziehungen dadurch den Kern der rechtlich relevanten Konfliktdynamik in Familien bilden und die Art des familienrechtlichen Zugriffs bestimmen, wobei solche Zugriffe auf der Verhaltensebene eher effektiv sind als in Bezug auf innere Beziehungen.

Familienrecht will zuvörderst ein Instrument zur Gestaltung von Beziehungen sein, es will funktionierende Beziehungen ermöglichen und sichern. Um diese geht es ja auch im Konfliktfall, wenn z. B. für die Entscheidung über das Sorgerecht festzustellen ist, welche Beziehungen für das Kindeswohl förderlich sind und als Schutzfaktor wirken oder wenn in §1685 Abs. 2 BGB zur Regelung des Umgangs unter anderem „sozial-familiäre Beziehungen“ geltend gemacht werden. Das familienrechtspsychologische Arbeitsfeld sind jedoch hauptsächlich gefährdete und zerrüttete Beziehungen, wie z. B. Verlustängste und Loyalitätskonflikte von Kindern im Trennungsstreit von Erwachsenen oder Vertrauenskrisen, abklingende Liebe oder gar Schädigungstendenzen zwischen Partnern.

Im Einzelnen geht es um eine Vielzahl ganz unterschiedlicher Formen und Typen von Beziehungen: Paarbeziehungen, die als Partner- oder als Elternbeziehungen untersucht werden können; Eltern-Kind-Beziehungen, Geschwisterbeziehungen, Mehrgenerationenbeziehungen zwischen Familien, aber auch z. B. zwischen Enkel und Großmutter. Hinzu kommen Beziehungen des Kindes zu Pflegeeltern, zu Stiefelternteilen oder zu neuen Partnern von Vater oder Mutter usw.

Bindungen sind der Kern intensiver emotionaler Beziehungen mit spezifischen Interaktionen zwischen Kindern und nahe stehenden Personen, die deshalb oft auch Bezugspersonen genannt werden. Nicht alle Beziehungen haben deshalb mit Bindungen etwas zu tun. Beziehungen zu einem Lehrer oder einem Verwandten können ein Schutzfaktor sein, ohne dass Bindungen bestehen. Der weitaus größere Teil des Regelungsbereiches des Familien- und Jugendhilferechts betrifft Beziehungen. Sie sind der wichtigere Sachverhalt. Bindungen werden aber häufiger und intensiver diskutiert. Einen hohen Stellenwert haben Bindungen, wenn es um die Beziehungen von Kindern in Familienkonflikten geht.

Der Begriff „Bindung“ wurde mit der Kindschaftsreform von 1998 bis auf den eher kuriosen Bezug auf den Umgang mit anderen Personen in § 1626 Abs 3 BGB wieder aus dem Gesetzestext entfernt. Er wurde von Juristen eher als Synonym für Beziehungen, von Psychologen und Psychiatern im engeren Sinne der Bindungstheorie verstanden. Die dadurch bedingten Missverständnisse sind aber mit der Tilgung des Begriffs nicht beseitigt. Nach wie vor wird häufiger von Bindungen als von Beziehungen gesprochen, oft auch da, wo Beziehungen gemeint sind.

Die moderne Bindungstheorie geht davon aus, dass ein evolutionär entstandenes Verhaltenssystem Nähe zu einer Hauptbezugsperson sichert (Bowlby 1969). Diese Nähe hat Überlebensfunktion, weil sie Schutz und Hilfe gewährleistet. Mittels genetisch vorgegebener Verhaltensmöglichkeiten wie Anschmiegen, Hinkrabbeln, Festklammern, Weinen, Schreien wird versucht, Nähe zur Bezugsperson und damit Sicherheit herzustellen oder zu erhalten. Dies ist *Bindungsverhalten* als beobachtbare Grundlage der Bindung. Seine Folgen im Sinne von Gelingen oder Misslingen führen zu Erfahrungen des Kindes, die künftiges Verhalten beeinflussen. Erfahrungen mit Bezugspersonen werden immer wieder als Erwartungen in die Beziehung eingebracht und dann bestätigt oder enttäuscht.

Insofern sind *Bindungen als innere Zustände erfahrungsbestimmte, d. h. erlernte, zeitlich relativ stabile, aber veränderbare Motivsysteme, die das Erleben von Bedürfnisbefriedigung in emotionale Nähe, Sicherheit und Abhängigkeit umsetzen.* Bindungen verkörpern die langfristige Relation zwischen kindlichen Bedürfnissen und Bedürfnis befriedigender Zuwendung durch Bezugspersonen. Diese Relation kann entwicklungsfördernd oder -hemmend sein. Bindungen können zum affektiven Kernstück von Beziehungen werden. Im Alter von zwei bis drei Jahren werden sie zu handlungsleitenden Erwartungsmustern in Bezug auf eigenes und fremdes Verhalten, d. h. zu mentalen Vorstellunen über sich selbst und andere, auch zu Vorhersagen über das Verhalten anderer. Bowlby (1969) hat sie „interne Arbeitsmodelle“ genannt. Aus der Sicht der kognitiven Psychologie geht es um Schemata, d. h. Repräsentationen früherer Verhaltensweisen und Erfahrungen als Grundlage der Interpretation neuer Erfahrungen, und um Scripts, d. h. Wissen über Ereignisabläufe, das Situationsbewertung und Verhaltenssteuerung beeinflusst (Wessels 1994; Schank & Abelson 1977).

Ist Bindungsverhalten erfolgreich und wird Nähe bzw. Bindung als „gesichert“ erlebt, steigt die Wahrscheinlichkeit des ebenfalls lebenswichtigen Erkundungsverhaltens des Kindes. Es ist nach Bowlby (1995) antithetisch zum Bindungsverhalten, denn die Umgebung zu erkunden bedeutet auch, sich von der Bindungsfigur zu entfernen. Das wird nur gewagt bei der Gewissheit einer verlässlichen Basis als Ausgangspunkt der Erkundung und als Zufluchtsort bei Kummer. Sichere Bindung kann Wohlbefinden fördern. Ist das Kind ängstlich, unterlässt es das Erkunden und aktiviert Bindungsverhalten, z. B. bei Misslingen und Gefährdung von Bindungsbeziehungen. Trennung ist hier der markanteste Stressor. Wenn schon Bindung vorhanden ist,

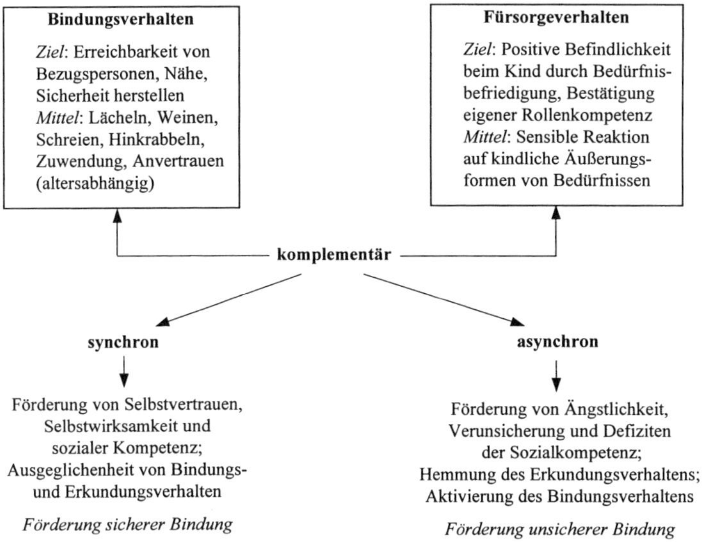

Abb. 2: *Bindungs- und Fürsorgeverhalten als Komplementärsyssteme*

kann Trennung sowohl akute psychische Folgen haben als auch die Persönlichkeitsentwicklung langfristig beeinträchtigen. Ist die Waage zwischen Bindungs- und Erkundungsverhalten ausgeglichen und kann das Kind situationsangemessen, flexibel und effektiv im Sinne der Bedürfnisbefriedigung mit beiden Verhaltensvarianten umgehen, deutet dies auf sichere Bindung hin.

Gefährdungen von Bindung werden dem Kind durch Mängel im Fürsorgeverhalten von Bindungsfiguren signalisiert. Dieses Fürsorgeverhalten gilt als komplementär zum Bindungsverhalten des Kindes (Abb. 2). Die Bindungsfigur reagiert auf das kindliche Ausdrucksverhalten, auf die Befindlichkeit des Kindes. Abträglich auf das Fürsorgeverhalten können sich instabile Lebens- und Arbeitsbedingungen der Bezugsperson, Stress induzierende Partnerbeziehungen und fehlende soziale Unterstützung auswirken.

Bei feinfühligem Verhalten vermittelt die Bezugsperson dem Kind, dass ein Zusammenhang zwischen seinen Äußerungsformen von Bedürfnissen (z. B. Ausdrucksverhalten) und den Reaktionen der Bezugsperson besteht. Damit wird zugleich ein Gefühl der Kompetenz vermittelt, durch eigenes Handeln Effekte in der Umwelt bewirken zu können, in der Psychologie auch „Kontrollüberzeugungen" oder „Selbstwirksamkeit" genannt. Konkret geht es hier um die Kompetenz, sich zuverlässig Zuwendung einholen oder andere Bedürfnisse befriedigen bzw. Leid und Unsicherheit beenden zu können (Grossmann & Grossmann 2004).

Relativ gut belegt durch Ergebnisse der Bindungsforschungen sind Langzeitauswirkungen defizitären Fürsorgeverhaltens. Wenn Kinder als Säuglinge oder Kleinkinder emotional verfügbare und zuverlässige Bezugspersonen hatten und Unterstützung und Annahme erfahren haben, verhalten sie sich im Vorschul- und Schulalter häufiger offen und sozial kompetenter. Sie übertragen die positiven Affekte auf spätere Bezugspersonen. Bei emotional zurück weisendem Verhalten oder wechselhafter Verfügbarkeit der Bezugspersonen begegnen die Kinder später anderen Menschen eher feindselig, ärgergeneigt oder ängstlich. Inzwischen ist gut nachgewiesen, dass die Qualität der Bindungen wesentlich den Aufbau von Selbstgefühl und sozialer Kompetenz des Kindes sowie Autonomieentwicklung und Identitätsbildung Jugendlicher mitbestimmen (Dornes 2006; Grossmann u. a. 2003; Grossmann & Grossmann 2004; Spangler & Zimmermann 1999; Spangler u. a. 2000).

Einzelne Bindungsmuster sind als Ergebnis des Zusammenspiels von Bindungs- und Fürsorgeverhalten zu verstehen. Weitgehend übereinstimmend und durch empirische Forschung abgesichert werden vier solcher Bindungsqualitäten unterschieden: sichere, unsicher-vermeidende, unsicher-ambivalente und desorganisierte Bindung. In Tab. 2 sind Merkmale, Ursachen und Folgen dieser Bindungsmuster zusammengetragen.

Bei den Folgen und Ursachen geht es um Wahrscheinlichkeiten. Nie kommen alle genannten Faktoren zusammen vor. Bei den vier Bindungsmustern geht es nicht um psychopathologische Abweichungen, sondern um Varianten im Normalspektrum.

Davon abzugrenzen sind klinisch relevante Bindungsstörungen, wie sie in der Nomenklatur des ICD-10 benannt werden, als „reaktive Bindungsstörung des Kindesalters (F 94.1) und als „Bindungsstörung des Kindesalters mit Enthemmung (F 94.2) (Brisch 2006).

Bindungen werden zu einem Baustein familienrechtspsychologischer Systematik, weil Bindungen als Schutz- bzw. Risikofaktor besonders eng mit dem Wohl des Kindes verknüpft sind sowie seine Willensbildung mitbestimmen und weil deshalb die Qualität von Bindun-

Tab. 2: *Die bekannten Bindungsmuster – Merkmale, Ursachen und Folgen*

Verhalten von Bindungspersonen	Stabil verfügbar, hilfsbereit; feinfühlige Reaktion auf kindliche Signale; Empathie	Häufige Zurückweisung; Misshandlung; verdeckte Feindseligkeit; unsensibel, überstimulierend	Inkonsistenz, wechselnd hilfsbereit–zugänglich und abweisend; ständiger Wechsel zwischen Aufbau und Enttäuschung von Erwartungen; Drohen mit Verlassen	Gehemmtes Verhalten als Bindungsperson infolge unverarbeiteter traumatischer Erlebnisse; Vernachlässigung; häufiger Wechsel von Bezugspersonen
Bindungsmuster	**sicher**	**unsicher-vermeidend**	**unsicher-ambivalent**	**desorganisiert**
Merkmale	Emotionales Wohlbefinden; unbefangener und realitätsangemessener Umgang mit Belastungen; Ausgeglichenheit von Anpassung, Aktivität und Hilfeeinholen bei Verunsicherung; komplikationsloses Annehmen von Hilfe; Zuversicht gegenüber Bindungspersonen	Unterdrücken von Gefühlen, Vermeiden von Nähe und Abhängigkeit; Erwarten von Abweisung; Verunsicherung bei Belastung; Verleugnen des Verlangens nach engeren Beziehungen; Misstrauen; Verschiebung der Aufmerksamkeit auf Objekte	Leichter frustrierbar und irritierbar; Trennungsangst; Erkundungsverhalten reduziert; wechseln zwischen Anhänglichkeit und Kontaktwiderstand; Neigung zur Kontrolle über Bindungspersonen und permanentes Abfordern von Aufmerksamkeit; geringe Kompromissneigung	Mangel an klarer Bindungsstrategie; Wechsel zwischen Protest bzw. Bestrafung und Fürsorge gegenüber Bindungsperson; Wechsel zwischen distanzarm und scheu: sozial-kognitive Inkohärenzen; Neigung zu Bizarrverhalten und Übersprungbewegungen
Folgen (Persönlichkeitsentwicklung)	Höhere Stressresistenz gemäß „Dämpfungshypothese“: sichere Bindung dämpft später Stress und Angst, z. B. in Übergangssituationen im Jugendalter; ausgeglichene Emotionalität; realistisches und positives Selbstbild; höhere Ich-Flexibilität und Sozialkompetenz; häufiger intakte Freundschaftsbeziehungen	Labilität oder Starrheit bei Stressbelastung gemäß Risikohypothese: Unsichere Bindung verringert Belastbarkeit infolge mangelnder Integration und Kohärenz der Gefühle; häufiger Selbstunzufriedenheit, Ängstlichkeit, Hilflosigkeit; häufiger Fehlattribution, z. B. von feindseligen Absichten, öfter Aggression als Folge; Probleme beim Aufbau von Sozialbeziehungen; häufiger Persönlichkeitsstörungen, Depression und Delinquenz im Jugendalter. Spezifisch für unsicher-vermeidende Bindung: Abhängigkeit, Unselbstständigkeit und emotionale Selbstbezogenheit ausgeprägter; häufiger unkritisch überhobenes oder reduziertes Selbstgefühl, mehr vermeidende Copingstrategien		

gen – zusammen mit der Art der Beziehungen – ein Primärkriterium bei der Behandlung von Konflikten um das Sorge- oder Umgangsrecht, um Herausnahme bzw. Herausgabe oder Adoption von Kindern ist. Das bedeutet nicht, dass unsichere Bindungen weniger schützenswert sind als sichere. Auch unsicher gebundene Kinder haben vermeidend-kontrollierende oder fürsorglich-kontrollierende Strategien, durch die sie handlungsfähig bleiben.

Immer wenn es darum geht, Entwicklungsrisiken, z. B. durch die Gefahr der Trennung eines Kindes aus einer bestehenden Bindung, zu beurteilen oder Rahmenbedingungen für den Aufbau oder den Erhalt von Bindungen zu sichern, ist Wissen über die Bindungsproblematik wichtig. Wird dies ignoriert, können Kinder und Familien zusätzlich belastet werden. Unabhängig davon, ob der Begriff Bindung in Gesetzestexten gerade aufgenommen oder eliminiert wurde, stellt die Bindungstheorie nach Bowlby (1986, 1995) für Familienrechtler, Jugendamtsmitarbeiter, Gutachter und andere Beteiligte eine wichtige Orientierung dar. Diese Theorie stellt systematisches und in beachtlichen Teilen empirisch gesichertes Wissen für Kern-Bereiche kindlicher Beziehungen zu nahe stehenden Personen bereit und damit auch für die Analyse kindlicher Reaktionen in Trennungskonflikten als kritischen Lebensereignissen und Stressbelastung (Spangler 2003; Dettenborn 1996; Dettenborn & Walter 2002).

Stress. Stress wird hier verstanden *als eine Beziehung im Ungleichgewicht: Die Anforderungen der Umwelt überlasten die Kompetenzen einer Person, eines Paares oder einer Familie, mit den Anforderungen umzugehen.* Situationen, in denen das zu befürchten ist, werden als bedrohlich wahrgenommen. Es kommt zum Stress, d. h. zu *einem intensiven unangenehmen Spannungszustand in einer als überfordernd und bedrohlich bewerteten Situation, die zu vermeiden oder zu beenden angestrebt wird.* Stress wird also weder lediglich als Reaktion einer Person noch als Merkmal einer Situation aufgefasst. Es geht auch nicht um einen Zustand, sondern um einen Prozess, der durch aktive Auseinandersetzung der Person oder auch einer Dyade (Paar) mit der Umwelt bestimmt ist. Verändert sich ein Element in der Beziehung zwischen Anforderung und Fähigkeit, so wandelt sich das System insgesamt.

Als theoretische Grundlage dient das „transaktionale" Verständnis von Stress, wie es im salutogenetischen Paradigma von Antonowsky

(1979, 1997) vorbereitet und im Stressmodell von Lazarus (1966; Lazarus & Launier 1981) psychologisch umgesetzt wurde. Benachbarte Ansätze sind die Forschungen zu „kritischen Lebensereignissen“ (Filipp 1981)und die Entwicklungspsychopathologie (Resch 1996; Petermann u. a. 1998) als ein relativ neuer interdisziplinärer Ansatz. Kern sind dabei Bewertungen. Nach Lazarus (1966, 1990) wird in einer „primären Einschätzung“ (primary appraisal) die Situation danach bewertet, ob sie für die Person irrelevant oder gar günstig ist oder ob stressbezogene Auseinandersetzungen erforderlich sind. Gilt das Letztgenannte, wird geprüft, ob bereits eine Schädigung eingetreten ist oder ob eine Herausforderung vorliegt oder ob eine Bedrohung besteht.

Beispiel: Ein Neunjähriger wird Streitobjekt innerhalb eines Herausgabestreites nach § 1632 BGB zwischen den Pflegeeltern, bei denen er seit eineinhalb Jahren lebt und zu denen er Bindungen aufgebaut hat, und den leiblichen Eltern, zu denen Restbindungen, aber auch mangelndes Vertrauen bestehen. Damit einher gehen massive und gegensätzliche Beeinflussungsversuche der Erwachsenen, denen das Kind eigene Willensbildung entgegenzusetzen versucht. Es erlebt das Dilemma zwischen Bindungspersonen und die vielfältigen Beziehungsspannungen, ebenso den Widerspruch zwischen seinen eigenen Bedürfnissen und den Erwartungen von Erwachsenen. Das kann als Bedrohung gesehen werden und die Stimmung drücken und Angst auslösen.

Nun werden im Falle der wahrgenommenen Bedrohung in einer „sekundären Einschätzung“ (secondary appraisal) die eigenen Potenzen beurteilt, mit der Situation umzugehen, sie evtl. bewältigen zu können. Wird eingeschätzt, dass die Anforderungen der Situation die eigenen Ressourcen beanspruchen oder überfordern, setzen Copingbemühungen ein. Sie begleiten den Prozess und werden laufend daraufhin geprüft, ob sie effektiv, d. h. Stress mindernd sind. Permanente Neubewertungen finden statt (reappraisal). Situation bzw. Ereignis, Bewertungsebenen und Copingbemühungen stehen in Wechselwirkung und ändern sich dadurch fortwährend. Für das obengenannte Beispiel heißt das, dass die fragwürdigen Verhaltensweisen der Erwachsenen zu Stressoren werden können, die wiederum Stressreaktionen zur Folge haben können.

Stressreaktionen sind psychophysiologische Folgezustände. Sie können kurzfristig (Blutdruckschwankung, Reizbarkeit, Konzentrationsschwund) oder langfristig (Psychosomatik, Angst, Leistungsminderung) sein. Die gewiss für das Kind unangenehmen Begleiterscheinungen des Herausgabestreites müssen nicht zu Stressoren werden und Stressreaktionen auslösen, sie können es aber.

Verallgemeinert heißt das: Stress ist ein Baustein familienrechtspsychologischer Systematik, weil es im Familienrecht meist um eskalierende Konflikte mit hoher Wahrscheinlichkeit von Stressreaktionen Beteiligter geht. Familienrechtlich relevante Ereignisse, wie z. B. die Auseinandersetzung um Adoption, Scheidung und Trennung, Herausnahme und Herausgabe von Kindern, sind eingebettet in krisenhafte familiäre Prozesse. Funktion oder Dysfunktion der Familie spiegelt sich im Maß der Stressbewältigung (Bodenmann 2003, 2005; Booth & Amado 2001; Dettenborn & Walter 2002; Walper & Gerhard 2003). Je weniger sie gelingt, desto eher entstehen und wachsen die Interventionsbedürftigkeit der Betroffenen und das Interventionsinteresse des Staates.

Aber es geht um Wahrscheinlichkeiten. Keinesfalls muss der Konflikt zu strapaziösen Kommunikationsstörungen, psychischer Überforderung und Destabilisierung, zu Kontrollverlust und destruktivem Handeln, also zu Stress, führen. Deshalb werden die Ergebnisse zu Scheidungsfolgen für Kinder oft auch unter dem Motto „Chance und Risiko" zusammengefasst (vgl. Walper 2005; Walper & Gerhardt 2003). Die Chancen bestehen darin, dass sich die Belastungen aus der Zeit vor der Elterntrennung vermindern, aber auch in der Möglichkeit, sich entwicklungsfördernd mit den Anforderungen in der Konfliktfamilie auseinander zu setzen.

Ob ein potenziell belastender Umstand tatsächlich Stress erzeugt, hängt ab von *einem Komplex von Risikofaktoren und Schutzfaktoren* und dem Kräfteverhältnis zwischen ihnen. Risikofaktoren sind personale und Umweltbedingungen im familiären Konflikt, die die Wahrscheinlichkeit von Stressreaktionen erhöhen. Schutzfaktoren mindern sie. Beispiele werden in Abb. 3 genannt. Dabei steht der Thematik des Buches entsprechend der Kindaspekt im Vordergrund.

Zu den Regelhaftigkeiten des Zusammenwirkens von Risiko- und Schutzfaktoren gehört, dass das Stressrisiko im Schwerpunkt sowohl durch zu hohe Anforderungen an das Kind (z. B. Verlust des getrennt lebenden Elternteils, Instrumentalisierung, Manipulierung, Koalitionsbildungsdruck, Parentifizierung) als auch durch defizitäre Kompetenzen des Kindes (z. B. Mängel in der Willensbildung, Selbstwertlabilität) bedingt sein kann.

Wie kompliziert das Ursachengefüge ist, zeigt sich in den Ergeb-

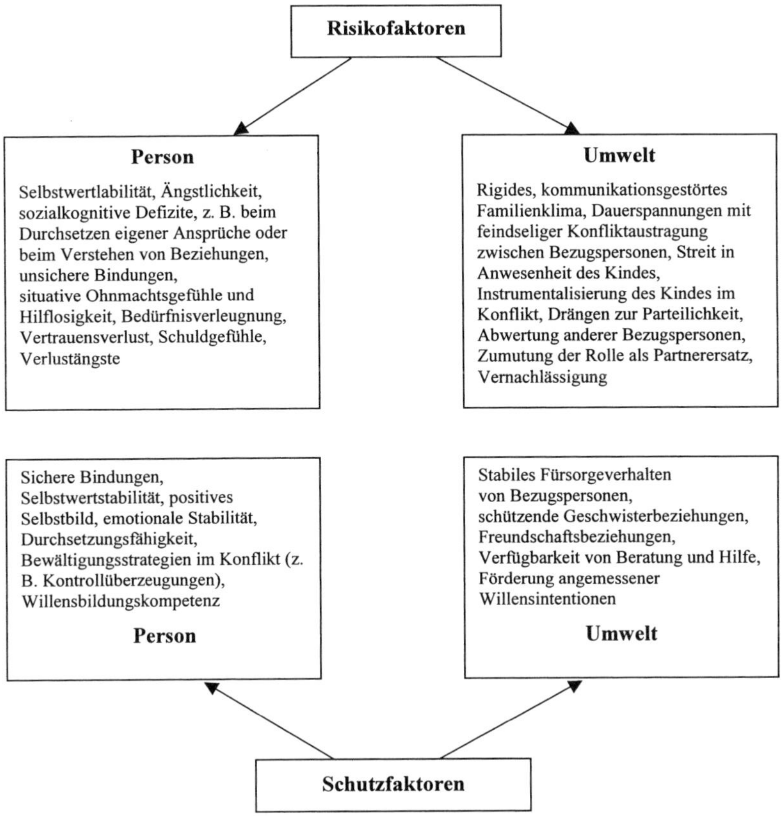

Abb. 3: *Kindbezogene Risiko- und Schutzfaktoren in Familienkonflikten*

nissen von Längsschnittstudien, die besagen, dass Kompetenzdefizite bzw. Verhaltensauffälligkeiten bei einem Teil der Trennungskinder schon in der Zeit vor der Trennung der Eltern bestanden. Fast nie wirkt ein Risikofaktor allein, sondern meist im Zusammenhang mit anderen. Aus ihrem dynamischen Wirken fügt sich eine jeweils individuelle Entwicklungsgeschichte des Komplexes von Faktoren, was oft die Diagnostik erschwert. Hinzu kommt, dass es meist schwierig ist, Schutzfaktoren abzugrenzen vom Fehlen von Risikofaktoren. Das Fehlen ausgeprägter Elternkonflikte ist nicht zwangsläufig als ein Schutzfaktor zu interpretieren.

Sind die Risikopotenzen in der Person hoch, bzw. die internen Schutzpotenzen und Bewältigungsressourcen niedrig, so ist die Person empfindlicher, weniger widerstandsfähig gegenüber den familiären Konfliktbelastungen und anfälliger für Stresssymptome. Die *Vulnerabilität*, d. h. die Verletzlichkeit durch äußere Risikofaktoren, ist erhöht, sei es, weil das Kind oder der Elternteil selbstwertlabil ist oder weil Angst und falsche Ursachenattribution die Konfliktbewältigung behindern. Vulnerabilität kann einerseits selbst zu einem Risikofaktor werden und sich immer mehr verselbständigen. Sie ist andererseits nicht unabhängig von internen und externen Schutzfaktoren. Das zeigt sich z. B. darin, dass durch Interventionsprogramme für Scheidungskinder die Selbstwertstabilität erhöht werden kann. Das bedeutet, dass Vulnerabilität nicht statisch ist und dass im zu Grunde liegenden Konflikt auch Wachstums- und Veränderungspotentiale liegen. Gemeint sind vor allem der Abbau von Vulnerabilität und der Aufbau von Resilienz.

Resilienz ist das positive Gegenstück zur Vulnerabilität, nämlich die Fähigkeit, bei Risikobedingungen und Belastung durch Stressoren erfolgreich und sozial akzeptabel Widerstand zu leisten, d. h. verringerte Anfälligkeit für Stresssymptome. Dahinter stehen erhöhte interne Schutzpotenzen bzw. geringer ausgeprägte Risikofaktoren in der Person. Hierher gehören z. B. jene Kinder, die in Scheidungsprozessen der Eltern kaum belastet sind bzw. Stresssymptome schneller wieder abbauen. Auch Resilienz ist nicht unveränderlich, sondern Produkt von Entwicklung vor dem familiären Konflikt oder während des Konfliktverlaufes – wiederum in engem Zusammenhang von internen und externen Schutzfaktoren. Zu den wesentlichen internen Schutzfaktoren, die in den folgenden Kapiteln behandelt werden, gehören Bewältigungsstrategien und Willensbildungsprozesse des Kindes im familiären Konflikt.

Zusammenfassung: Kindeswohl und Kindeswille sind bedeutsame Teilthemen der Familienrechtspsychologie. Um diese Themen systematisch einzuordnen und abzuleiten, werden zunächst Gegenstand und Arbeitsgebiete der Familienrechtspsychologie dargestellt. Als Wurzeln dieses Zweiges werden die Rechtspsychologie, die Familienpsychologie sowie das Familien- und Jugendhilferecht erörtert. Mittels Analyse von Widersprüchen im Rechtssystem und von Widersprüchen zwischen Recht und Psychologie werden die Dynamik des

Gegenstandes sowie Tendenzen der Familienrechtspsychologie aufgezeigt. Schließlich werden daraus als konzeptionelle Schwerpunkte der Familienrechtspsychologie Konflikte, Beziehungsgefährdung, Stress, Kindeswille und Kindeswohl abgeleitet. Die Schwerpunkte Konflikt, Beziehung bzw. Bindung und Stress werden überblicksmäßig behandelt.

Auf dieser Grundlage sollen in den folgenden Kapiteln jene Schwerpunkte ausführlicher bearbeitet werden, die im Mittelpunkt dieser Abhandlung stehen, nämlich Kindeswohl und Kindeswille.

3 Das Wohl des Kindes

3.1 Die Problematik des Begriffs

Im Begriff „Kindeswohl“ ist eines der zentralen Regelungsanliegen des Familienrechts und des Kinder- und Jugendhilferechts verankert, nämlich das des Schutzes von Kindern und Jugendlichen. Reformen und Gesetzesänderungen der letzten Jahrzehnte im Kindschaftsrecht, im Eherecht, in den Sorgerechtsregelungen nutzen diese „Instanz“, wenn es darum geht, widerstreitende Interessen abzuwägen.

Ohne Anspruch auf Vollständigkeit seien folgende Beispiele genannt: Im BGB wird das Kindeswohl als Bezugspunkt genannt in den §§ 1666 (Abwendung von Gefahr), 1632 (Verbleiben des Kindes bei der Pflegeperson oder Herausgabe), 1671, 1672, 1678, 1680 Abs. 2, 1681 Abs. 2 (elterliche Sorge), 1684 Abs. 4, 1685 Abs. 2 (Umgang), 1686 (Auskunftsrecht der Eltern), 1688 Abs. 3 (Befugnisse einer Pflegeperson), 1696 Abs. 1 und 2 (Änderung von gerichtlichen Anordnungen), 1697a (Kindeswohl als allgemeines Prinzip), 1741, 1751, 1761 (Annahme Minderjähriger), 1757 (Namensänderung). Im SGB VIII wird auf das Kindeswohl Bezug genommen in den §§ 8a (Schutzauftrag bei Kindeswohlgefährdung), 27 (Anspruch auf Hilfe zur Erziehung), 38 (Einschalten des Jugendamtes bei Ausübung der Personensorge), 42 (Inobhutnahme von Kindern und Jugendlichen), 44 (Pflegeerlaubnis).

Unter *juristischem Aspekt* ist „Kindeswohl“ ein unbestimmter Rechtsbegriff, eine Generalklausel, dessen Auslegung zum Inhalt richterlichen Entscheidens wird (s. Kap. 1).

Unter *kognitionspsychologischem Aspekt* ist der Begriff Kindeswohl der typische Fall einer Invariantenbildung: In einem schwer überschaubaren Feld wechselwirkender Einzelfaktoren wird die Komplexität reduziert durch Orientierung auf einen Bezugspunkt, und sei es auch lediglich ein theoretisches Konstrukt. Dadurch wird die Entscheidungsfindung erleichtert. Die Qualität des Entscheidens hängt davon ab, ob die gewählte Invariante tatsächlich die optimal sachadäquate Verdichtung auf die zu Grunde liegende Größe hin ist und Erklärungswert besitzt.

Unter *moralpsychologischem Aspekt* ist der Bezug auf das Kindeswohl ein Instrument der Rechtfertigung von Gesetzgebungs- oder Rechtsanwendungsakten, sowohl im Sinne begründeter Prinzipien als auch im Sinne der Motivveredelung und der missbräuchlichen Kaschierung einseitiger Interessen.

Unter *wissenschaftstheoretischem Aspekt* kann gelten: Der Begriff „Kindeswohl" ist eine definitorische Katastrophe. Das hat verschiedene Ursachen. Einige dieser Ursachen werden im Folgenden erörtert.

(1) Obwohl als Orientierungs- und Entscheidungsmaßstab familiengerichtlichen bzw. kindschaftsrechtlichen Handelns genutzt, wird nirgends im rechtlichen Regelwerk gesagt, was unter Kindeswohl zu verstehen ist (sieht man von der eher kuriosen Ausnahme in § 1626 Abs. 3 S. 1 BGB ab, wonach zum Kindeswohl „in der Regel der Umgang mit beiden Elternteilen" gehört). Obwohl als Schlüsselbegriff im Spannungsfeld von Elternrecht und staatlichem Wächteramt, damit von Art. 6 Abs. 2 Satz 1 GG und Art. 6 Abs. 2 Satz 2 GG geltend, findet der Begriff „Kindeswohl" im Grundgesetz selbst keinen Platz, wohl aber fast üppig in Entscheidungen des Bundesverfassungsgerichtes. In ihnen zeigt sich die verfassungsrechtliche Relevanz des Kindeswohls. Angeregt werden sie aber durch einfachgesetzliche Entscheidungen (Keiser 1998).

(2) Der Begriff „Kindeswohl" soll als Instrument und Kriterium der Auslegung, z. B. der Kindesinteressen, dienen. Zugleich fehlt es ihm selbst an schlüssiger Auslegung. Bei wohlwollender Tendenz wird dies als Gestaltungsauftrag umschrieben. Häufig wird aber auch wenig zimperlich mit dem Begriff umgegangen. Er wird z. B. beurteilt als bar jeden normativen Gehalts, als „leere Schachtel" (Steindorff 1994) oder hohle Mystifikation (Keiser 1998) oder als „Pauschalfloskel", als „Worthülse" (Ell 1990), als Mogelpackung (Goldstein u. a. 1991).

(3) Dazu mag beitragen, dass der Begriff „Kindeswohl" eben nicht in einem schlüssigen, sondern in mehreren Gebrauchskontexten vorkommt. Er soll unterschiedlichen Anforderungen und Zielen gerecht werden, deren logischer Zusammenhang eher lose ist.

(4) Kindeswohl ist ein Rechtsbegriff und muss es im Interesse von Rechtssicherheit bleiben. Aber er ist unter rechtlichen Aspekten allein nicht zu erfassen oder zu erklären, sondern nur mit interdisziplinärem Bezug, insbesondere durch Nutzung psychologischer Aspekte. Aber weder in der Psychologie noch in anderen Disziplinen gibt es Konzepte zum „Wohl". Allenfalls gibt es welche zum Wohlbefinden oder zur Gesundheit, die aber nicht unmittelbar nutzbar sind. In der Wohlbefindensforschung geht es um Zufriedenheit, also subjektives Wohlbefinden vor allem von Erwachsenen, sowie um aktuelle Bedürfnisbefriedigungen und Stimmungslagen (Brähler u. a. 2003; Deusinger 2002).

(5) Daraus ergibt sich, dass jeder, der den Begriff Kindeswohl verwendet, seine Kompetenzen überschreitet. Der Jurist ist genötigt, über rechtliche und dadurch implizierte Wertaspekte hinaus auch psychologische Aspekte einzubeziehen. Da er nicht entsprechend ausgebildet ist, wird sein Entscheiden abhängig von den zufälligen Alltagskonzepten oder individuell erworbenem Fachwissen sein. Der Psychologe oder Pädagoge muss in seinen Empfehlungen zwangsläufig Wertaspekte und rechtliche Regelungsanliegen einschließen und damit seine Fachkompetenz überschreiten.

(6) „Kindeswohl" ist kein empirischer Begriff, der beobachtbare Fakten benennt, sondern ein hypothetisches Konstrukt, ein alltagstheoretischer Begriff. Aber in der rechtspraktischen Nutzung werden empirische Bezüge gesucht, praktische Kriterien angestrebt. Dieser Anspruch ist aber ebenso wenig begründet wie der einer wissenschaftlichen Fundierung (kritisch dazu Hommers 2004). Da es aber ohne praktische Kriterien kaum geht, werden sie ohne differenzierte Theorie dem Alltagsverständnis entnommen mit all ihrer Widersprüchlichkeit. Diese begegnet uns dann in Dilemmata wie z. B. folgendem: Soll von schicht- und milieuspezifischen Selbstverständlichkeiten oder von „objektiven" Entwicklungsstandards ausgegangen werden, wenn beurteilt wird, ob ein Kind vernachlässigt und so dieses Wohl gefährdet wurde?

Die Problematik des Begriffs „Kindeswohl" wird überwiegend als Misere empfunden und hat zu unterschiedlichen Reaktionen geführt. Sie reichen vom differenzierten Aufweis der Risiken, die mit der Bestimmung des Kindeswohls verbunden sind (Zitelmann 2001; Münder

2006) über die Proklamation der prinzipiellen Undefinierbarkeit des Begriffs Kindeswohl (Keiser 1998; Heilmann 1998; Köster 1997; Suess & Fegert 1999; Palandt 2007) bis hin zu der Forderung, den Begriff abzuschaffen (Steindorff 1994). Vorschläge, schwer fassbare Begriffe abzuschaffen, sind aber auch in anderen Bereichen gescheitert, wie etwa bei den Begriffen „Einstellung“ in der Psychologie oder „Erziehung“ in der Pädagogik. Der Grund ist, dass eine unverzichtbare und offensichtlich auch nicht ersetzbare Erklärungsfunktion vorliegt.

Die flächendeckende Verwendung des Begriffs „Kindeswohl“ im Familien- und Kindschaftsrecht schließt derzeit sowieso aus, ihn ernsthaft liquidieren zu wollen. Darüber hinaus erfüllt er anscheinend trotz aller Mängel und Nachteile in der Rechtspraxis eine unentbehrliche Funktion. Er hat jenes Maß an Erklärungswert, Nachvollziehbarkeit und Appellfunktion sowie jene Stufe an Verallgemeinerung, die eine integrierende Wirkung gestatten. Wenn das so ist, sollte im Vordergrund stehen, den Begriff „Kindeswohl“ produktiv und differenziert zu nutzen, d. h., seine Eignung als Erkenntnisinstrument zu forcieren, seine Humanisierungspotenziale unter den jeweils konkreten sozialen Bedingungen und Rechtsverhältnissen auszuschöpfen, seine Bewegung von den Rechten Erwachsener und der Institution Familie hin zur kindlichen Individualität mitzuvollziehen.

3.2 Drei Ebenen und das Gemeinsame: Eine Definition

Viele Unklarheiten bei der Interpretation des Begriffs resultieren daraus, dass verschiedene Ebenen nicht ausreichend unterschieden werden (Plewig 1994). Auf gesellschaftlicher Ebene geht es darum, Grundwerte umzusetzen in sozialpolitische Grundsatzentscheidungen, dazu welche Lebensqualität Kinder und Jugendliche beanspruchen sollen.

Auf der Rechtsebene findet das seinen Ausdruck in der Gestaltung von Rechtsverhältnissen. Auf der Grundrechtsebene ist der Komplex der Grundrechtspositionen des Kindes und des Jugendlichen gemäß Art. 1 Abs. 1 in Verbindung mit Abs. 2, Abs. 1 und Art. 2 Abs. 2 GG berührt. Das Kindeswohl zu sichern heißt, das Kindesrecht auf Entwicklung der Persönlichkeit zu gewährleisten.

Auf der Ebene einzelner Regelungsbereiche bzw. Rechtszweige wird das jeweils spezifisch umgesetzt. Hier geht es um die Spezifik innerhalb des Familienrechts und des Kinder- und Jugendhilferechts. In diesem Bereich stellt der Richtpunkt Kindeswohl die einzige Legitimation zum Eingriff des Staats in die Familienautonomie dar. Damit ist die Vorrangigkeit kindlicher Interessen bzw. Rechte gegenüber Elterninteressen oder den Interessen anderer Personen impliziert. Kinder zerstrittenen Erwachsenen und deren Rechten zu überlassen, hieße, das Wächteramt des Staates fahrlässig zu realisieren.

Relevante Kinderrechte sind z. B. in § 1 Abs. 1 SGB VIII formuliert: „Jeder junge Mensch hat ein Recht auf Förderung seiner Entwicklung und auf Erziehung zu einer eigenverantwortlichen und gemeinschaftsfähigen Persönlichkeit." Das kann in einzelnen Konfliktkonstellationen sehr unterschiedliche Gestalt annehmen; entsprechend vielfältig sind die konkreten Fragen nach dem Wohl des Kindes. Ist es durch gemeinsame Sorge beider Eltern oder Alleinsorge eines Elternteils eher gesichert? Liegt das Wohl des Kindes im Verbleib bei den Pflegeeltern oder in der Rückkehr zur leiblichen Mutter? Soll trotz sexuellen Missbrauchs der Kontakt zum Kindesvater gestattet werden, weil es insgesamt Kindeswohl dienlich ist, diese Beziehung aufrecht zu erhalten, oder ist das eine Gefahr für das Kindeswohl? Soll das Kind wegen Alkoholismus der Mutter untergebracht werden oder nicht?

Aber was ist das Gemeinsame? Was sind die Grundlagen? Was ist der Kern? Danach zu fragen heißt, inhaltliche Fixpunkte und letztendlich eine Definition zu suchen, d. h. das Unmögliche zu wollen (s. oben). Es wird vorgeschlagen, *unter familienrechtspsychologischem Aspekt als Kindeswohl die für die Persönlichkeitsentwicklung eines Kindes oder Jugendlichen günstige Relation zwischen seiner Bedürfnislage und seinen Lebensbedingungen zu verstehen*. Bedürfnisse werden im Sinne von postulierten bzw. zugeschriebenen, insofern „objektiven", Entwicklungserfordernissen, also mehr im Sinne von Bedarf verstanden (s. Tab. 3). Als „günstig" wird verstanden, wenn die Lebensbedingungen die Befriedigung der Bedürfnisse insoweit ermöglichen, dass die sozialen und altersmäßigen Durchschnittserwartungen an körperliche, seelische und geistige Entwicklung erfüllt werden.

Der Nachteil dieser Definition ist, dass sich die Unbestimmtheit auf den Begriff „günstig" verlagert. Nicht einmal die Formulierung „günstigste Relation" ist gerechtfertigt, weil damit nur einem der Gebrauchskontexte des Begiffs „Kindeswohl" Genüge getan wäre, und zwar jenem, der unten als „Bestvariante" diskutiert wird. Diese Definition hat die Vorzüge,

- dass einseitige Orientierungen vermieden werden, z. B. auf umfassende Anforderungen (Kindeswohl ist „Sorge um …“, oder „Zulassung eines glücklichen emanzipierten … Menschen“),
- dass die Gleichsetzung von Kindeswohl und Kindeswille oder Kindesinteressen bzw. ihrer kodifizierten Form, den Kinderrechten, vermieden wird,
- dass das Kindeswohl nicht als konstante Größe und als imaginäres Fixum gesucht wird, sondern als flexibles Attribut jeweils spezifischer und veränderlicher Konstellation von personalen und sozialen Schutz- und Risikofaktoren aufgefasst wird,
- dass ein heuristisches Prinzip zur immer wieder neuen Interpretation des Kindeswohls im Einzelfall gegeben ist, so wie es angemessen ist, um eine rechtliche Generalklausel auszufüllen. Die individuelle Feststellung des Kindeswohls in der konkreten Fallkonstellation ist das letztendlich Erforderliche. Ein grundsätzliches Urteilsprinzip ist Voraussetzung. Der Streit, was wichtiger sei, ist müßig.

Tabelle 3 zeigt in der linken Spalte eine Auswahl für das Kindeswohl wichtiger Bedürfnisse von Kindern und Jugendlichen. Eine solche Auswahl ist immer mitbestimmt von gerade dominierenden wissenschaftlichen Erkenntnissen, von ideologiehaltigen Annahmen und aktuellen Dringlichkeiten. Das gilt für sog. Mindeststandards in der UN-Kinderkonvention (1990) genauso wie für familienrechtsorientierte Versuche (Suess & Fegert 1999; Balloff 2004; Brazelton & Greenspan 2002). Welche Bedürfnisse als dominant anzusehen sind variiert z. B. mit dem Alter, aber auch mit der Erdregion und ihrer Mängellage, mit dem „Zeitgeist“, z. B. bezüglich Grenzen der Selbst- bzw. Fremdbestimmung des Kindes. Auch sind aufgeführte Bedürfnisse immer beliebig aufzugliedern oder zusammenzufassen. Jemand könnte das Bedürfnis nach Nähe oder Ferne vermissen, ein anderer das nach Identität oder Kultur.

Wenn hier dennoch eine Auswahl angeboten wird, dann um überhaupt auf Bezugspunkte für die Umsetzung des Kindeswohlbegriffs in seinen verschiedenen Gebrauchskontexten hinzuweisen. Dabei wird verzichtet auf Systematisierung der Bedürfnisse, z. B. nach Hierarchie (Maslow 1954) oder im Sinne von Entwicklungsaufgaben (Havighurst 1953) oder nach entwicklungspsychopathologischen Kriterien (Rudolf 2000). Unterscheidbar sind körperliche, seelische und geistige Bedürfnisse.

Tab. 3: *Kindeswohl – Bedürfnislage und gefährdende Lebensbedingungen*

Bedürfnis	Gefährdung (soziale Risikofaktoren)
Körperliche Zufriedenheit durch Nahrung, Pflege, Versorgung	Fehlernährung, mangelnde Gesundheitsvorsorge, Verhinderung notwendiger Heilmaßnahmen, mangelnder Schutz vor Suchtstoffen
Sicherheit	Stärke oder Häufung nicht vorhersehbarer unbeeinflussbarer Ereignisse mit negativen Folgen (Bindungsabbrüche, Personverluste); Diskontinuität der Lebensbedingungen; massive Defizite, eingeengter Wohn- und Lebensraum, Lärm
Emotionale Zuwendung in stabilen sozialen Beziehungen	Häufig wechselnde Bezugspersonen, Erleben von Feindseligkeit, Ablehnung, Gleichgültigkeit, Desinteresse seitens der Bezugspersonen, Fehlerziehungsformen, Instrumentalisierung für Erwachseneninteressen, Belastung mit Konflikten anderer, unnötige emotionale Konflikte, Angstreduzierung, Misshandlung, Missbrauch
im Kern: sichere Bindungen	Instabile emotionale Beziehungen, Mangel an Empathie und feinfühliger Fürsorge durch Bezugspersonen; Trennungsangst, Vorschädigung durch Trennung und Bindung
Umwelt-erkundung	Misslingen sicherer Bindung, mangelnde Anregung, inadäquate Reaktion auf Neugierverhalten bzw. Erkenntnisstreben, Missachtung von Fragephasen
Zugehörigkeit	Ausgrenzung, (Selbst-)Isolierung, Loyalitätskonflikte, unklare Grenzen oder Rollen im Familiensystem, dysfunktionale Regeln, Außenseiterposition in Gruppierungen, unangemessene Anforderungen für Zugehörigkeit

Tabelle 3, Fortsetzung von Seite 52

Anerkennung	Unangemessenes Anspruchsniveau, inadäquate Rückmeldung auf Sozial- und Leistungsverhalten, Kumulation von Misserfolgen im Sozial- und Leistungsverhalten, Überforderung
Orientierung	Pendelerziehung, zu starre oder unklare Grenzen zwischen Kind und Erwachsenem, mangelnde Vermittlung von Moral- und Leistungsnormen, von Pflicht- und Verantwortungsbewusstsein, mangelnde Gelegenheit zur Übernahme von Verantwortung, zur angemess. Konfliktaustragung; mangelnde Identifikationsmöglichkeit und Vorbildwirkung von Bezugspersonen; chaotische Lebensbedingungen
Selbstbestimmung	Ausnutzen von Abhängigkeiten, übermäßige Kontrolle, Missachtung und Vereitelung angemessener Interessen und Verhaltensintentionen, Handlungen; Verhinderung von Verantwortungsübernahme und Partizipation, Falschplatzierung durch Behörden
Selbstverwirklichung	Verhinderung von Individuation, Selbstreflexion, Selbstkontrolle, Einengung von Kreativität
Wissen / Bildung	Mangelnde Anregung und Förderung, Verletzung der Aufsichtspflichten, Demotivierung im Leistungsbereich; Mängel in Bildungs- bzw. Ausbildungsinstitutionen

Die in der rechten Spalte von Tabelle 3 genannten Risikofaktoren sind dysfunktionale bzw. misslungene Beziehungen. Sie hemmen die kindliche Entwicklung dadurch, dass Bedürfnisse nicht erfüllt und die Bewältigung von altersangemessenen Entwicklungsaufgaben behindert werden. Auf ihre Wirkung wird im Zusammenhang mit der Kindeswohlgefährdung eingegangen.

3.3 Gebrauchskontexte

Eine Quelle von Komplikationen ist die ganz unterschiedliche Funktion des Begriffs Kindeswohl in Gesetzestexten. Es sollen hier die folgenden Funktionen bzw. Gebrauchskontexte unterschieden werden: die Bestimmung der Bestvariante, Bestimmung der Genug-Variante, die Gefährdungsabgrenzung sowie die Metafunktion als Sondermodus.

3.3.1 Die Bestimmung der Bestvariante

Prototyp der Bestimmung des Kindeswohls im Bürgerlichen Gesetzbuch ist der § 1671 Abs. 2 (2): Dem Antrag eines Elternteils auf alleiniges Sorgerecht ist stattzugeben, soweit zu erwarten ist, dass die Sorgerechtsübertragung „dem Wohl des Kindes am besten entspricht". Es wird die für die Persönlichkeitsentwicklung eines Kindes oder Jugendlichen unter den gegebenen Umständen *optimale* Relation zwischen seiner Bedürfnislage und seinen Lebensbedingungen angestrebt. Tatbestandsvoraussetzungen des § 1666 BGB, wie z. B. Missbrauch elterlicher Sorge oder Vernachlässigung der Kinder, sind nicht zu beurteilen. Doch die Nähe zu Wertentscheidungen ist besonders groß. Wenn angenommen wird, dass eine Regelung dem Kindeswohl „am besten" entspricht, kann dadurch die fehlende Zustimmung eines Elternteils und der Widerspruch des Kindes ausgeglichen werden. Hochbewertete Lösungen können dann unter bestimmten Umständen auch gegen den Willen Beteiligter beschlossen werden.

3.3.2 Bestimmung der Genug-Variante

Bei dieser Variante wird nicht Optimalität angestrebt, sondern eine günstige, entwicklungsförderliche Relation von Bedürfnissen und Lebensbedingungen genügt. Diese Variante kann auf zwei Wegen gesichert werden: durch Zulassen von Aktivitäten und durch Entzug von Rechten.

a) Durch Zulassen von Aktivitäten (Positivbestimmung). Die Annahme als Kind (Adoption) ist nach § 1741 Abs. 1 BGB zulässig, „wenn sie dem Wohl des Kindes dient ...". Die gleiche Wendung wird benutzt in §§ 1680 Abs. 2, 1685 Abs. 1 BGB. Sprachliche Variationen („entspricht", „erforderlich ist") finden sich in §§ 1618 und 1757 Abs. 4 BGB. Eine günstige Relation zwischen Bedürfnissen und Lebensbedingungen des Kindes genügt. Es muss nicht die günstigste sein, sie kann suboptimal sein. Vor allem aber: Die Aktivität (Annahme, Sorgerechtsausübung) kann bereits abgelehnt werden, wenn sie nicht dem Kindeswohl dient. Eine Gefährdung des Kindeswohls muss nicht drohen.

Es wird – soweit möglich – auch geprüft werden, ob eine andere Lösung zur Verfügung steht, die noch mehr dem Wohl des Kindes dient. Und selbstverständlich enthält diese Variante auch Elemente der Gefährdungsabgrenzung. Zu erwagen, ob eine Lösung dem Kindeswohl dient, heißt auch, die Alternativhypothese zu prüfen, d. h. ob sie evtl. nicht dem Kindeswohl dient. Dabei kann aber die Reflexion von potentiellen Gefährdungen nicht ausgeblendet werden. Dies gilt in besonderem Maße für das Zulassen einer Aktivität wie das Wahrnehmen des Auskunftsrechts durch Eltern (§ 1686 BGB) oder die Sorgerechtsausübung (§§ 1680 Abs. 2, 1681 Abs. 2, 1751 Abs. 3 BGB) unter der Voraussetzung, dass sie „dem Wohl des Kindes nicht widerspricht". Wieder kann postuliert werden: Die Aktivität kann bereits verweigert werden, wenn sie dem Kindeswohl widerspricht, nicht erst wenn es gefährdet ist. Aber wo ist die Grenze? De facto ist es eine abgeschwächte Variante der Gefährdungsabgrenzung (s. unten).

Unter dem Aspekt des Erbringens sozialrechtlicher Leistungen im Rahmen des SGB VIII gilt analog: Leistungen wie Hilfe zur Erziehung (§ 27 Abs. 1) oder Einschalten des Jugendamtes (§ 38) sind bereits beanspruchbar, wenn eine dem Wohl des Kindes oder des Jugendlichen entsprechende Erziehung nicht möglich ist, nicht erst bei kindeswohlgefährdender Erziehung.

b) Durch Entzug von Rechten und Befugnissen (Negativbestimmung). Das Familiengericht kann nach § 1688 Abs. 2 BGB die Entscheidungs- und Vertretungsbefugnisse einer Pflegeperson entziehen oder nach § 1684 Abs. 4 BGB das Umgangsrecht einschränken oder ausschließen, wenn „dies zum Wohl des Kindes erforderlich ist", ebenso die Alleinentscheidungsbefugnisse getrennt lebender Eltern bei gemeinsamer Sorge (§ 1687 Abs. 2 BGB).

Es können also Rechte und Befugnisse bereits entzogen, ausgeschlossen oder eingeschränkt werden, wenn sie für die Gewährleistung des Kindeswohls (Genug-Variante) nicht erforderlich sind, nicht erst, wenn sie Kindeswohl gefährdend sind. Das bedeutet eine niedrigere Schwelle des Verwehrens von Rechten und Befugnissen.

Fazit: Bei der Genug-Variante reicht es, wenn eine günstige Relation von Bedürfnissen und Lebensbedingungen hergestellt oder erhalten wird durch Zulassen von Aktivitäten wie Sorgerechtsausübung, Umgang und Annahme oder durch Entzug von Rechten und Befugnissen.

3.3.3 Gefährdungsabgrenzung

Der Gesetzgeber kündigt Maßnahmen für den Fall an, dass das Wohl des Kindes gefährdet wird.

Für die häufigste und wichtigste Anwendung im § 1666 Abs. 1 BGB sind es erforderliche Maßnahmen zur Abwendung der Gefahr infolge missbräuchlicher Ausübung der elterlichen Sorge, durch Vernachlässigung des Kindes, durch unverschuldetes Versagen der Eltern oder durch das Verhalten eines Dritten. Nach § 1636 Abs. 4 BGB kann das Familiengericht anordnen, dass ein Kind bei der Pflegeperson verbleibt, „wenn und solange das Kindeswohl durch die Wegnahme gefährdet würde". Nach § 1684 Abs. 4 BGB kann eine Entscheidung, die das Umgangsrecht oder seinen Vollzug zeitlich länger einschränkt oder ausschließt, „nur ergehen, wenn andernfalls das Wohl des Kindes gefährdet wäre". Ein Adoptionsverhältnis darf nach § 1761 Abs. 2 BGB nicht aufgehoben werden, wenn dadurch das Wohl des Kindes „erheblich gefährdet würde". § 8a SGB VIII regelt den Umgang des Jugendamtes mit „gewichtigen" Hinweisen auf die Gefährdung des Kindeswohls. Das Jugendamt ist nach § 42 Abs. 1 SGB VIII verpflichtet, das Kind in seine Obhut zu nehmen, wenn eine dringende Gefahr für das Wohl des Kindes dies erfordert.

Ging es bisher um die positive Bestimmung des Kindeswohls, so steht jetzt die Abwendung der *Kindeswohlgefährdung* im Mittelpunkt. Die Definition des Kindeswohls (s. oben) reicht hier nicht mehr aus, ist aber Bezugspunkt, um Kindeswohlgefährdung zu definieren: *Kindeswohlgefährdung ist die Überforderung der Kompetenzen eines Kindes, vor allem der Kompetenzen, die ungenügende Berücksichtigung seiner Bedürfnisse in seinen Lebensbedingungen ohne negative körperliche und/oder psychische Folgen zu bewältigen.* Durch eine Mängellage wird die Bedürfnislage ignoriert. Das ist der Kern einer für die Persönlichkeitsentwicklung ungünstigen Relation zwischen Bedürfnissen und Lebensbedingungen. Es wäre aber eine Illusion, eine feste Grenze zwischen „rotem“ und „grünem Bereich“ anzunehmen.

Ob eine körperliche Bestrafung eines Kindes noch lediglich als gesellschaftlich unerwünscht, aber hinnehmbar und rechtlich unbeachtlich oder als Kindesmisshandlung zu beurteilen ist, hängt von vielen Faktoren ab, z. B. vom Ausmaß und der Häufigkeit von Schlägen, von evtl. verwendeten Hilfsmitteln, von den Folgen, aber auch von schichtspezifischen Gewohnheiten und Normen, vom Vorhandensein ausgleichender Schutzfaktoren in der Familie und von der Vulnerabilität des Kindes. Noch schwieriger ist zu entscheiden, wann das Verhalten der Bezugspersonen als psychische Misshandlung des Kindes zu gelten hat (Dettenborn 2005). Die Maßstäbe des Urteilens werden mitbestimmt durch die Profession und vom Fachgebiet, von der fachlichen Erfahrung und von persönlichen Normen und Urteilsneigungen. Es besteht ein erheblicher Unsicherheitsraum, vor allem bei weniger extremen Ausprägungen potenziell schädigender Faktoren. Es gibt keine allgemein gültigen Mindeststandards, keine Punkte auf einer Skala, also auch keine fixen Subsumtionskriterien für Gefährdung, allenfalls Urteilsspielräume. Sie machen sich fest an sozialen Risikofaktoren, die in Relation zu personalen Risikofaktoren gesetzt werden müssen. In der rechten Spalte in Tabelle 3 sind soziale Risikofaktoren aufgeführt, deren Gefährdungspotenzial mit der Intensität und Dauer der Wirkung zunimmt. Einige Bemerkungen zu den ausgewählten Faktoren verdeutlichen die Problematik.

a) Die genannten Gefährdungsfaktoren können wiederum eingebunden sein in ganz unterschiedliche Ereigniskonstellationen, wie langjährige Zerrüttungsprozesse oder plötzliche Trennung, dissoziales Milieu oder psychische Erkrankung von Bezugspersonen. Daraus ergeben sich ganz unterschiedliche Schlussfolgerungen in Bezug auf Kausalität und Prognose.

b) Die genannten Gefährdungsfaktoren im sozialen Kontext wirken nicht unabhängig von personalen Risikofaktoren, wie z. B. unsichere oder fehlende Bindungen oder Selbstwertlabilität. Einerseits ist die Wahrscheinlichkeit der Schädigung durch äußere Belastungen umso größer, je vulnerabler ein Kind ist. Andererseits erhöht intensive Belastung von außen die Vulnerabilität. Wenn z. B. ein Kind bereits eine Trennung von einer Bindungsperson erlitten hat, ist es oft vorgeschädigt in dem Sinne, dass personale Ressourcen und Stresswiderstand eher erschöpft sind. Dabei spielen nicht nur individuelle Dispositionen eine Rolle, sondern auch entwicklungspsychologische Besonderheiten, wie z. B. störanfällige Entwicklungsphasen, Diskontinuität, Asynchronität oder Geschlechtsspezifik sowie psychopathologische Varianten der Entwicklung. Ihre Beurteilung bedarf psychologischer Fachkenntnisse und psychodiagnostischer Erfahrung.

c) Die Abwägung des Gefährdungspotentials eines Risikofaktors wird dadurch erschwert, dass sie ganz unterschiedliche Folgen haben können. Körperliche Misshandlung kann über leibliche Schädigung hinaus auch psychische Folgen haben, und extreme Instrumentalisierung des Kindes durch Scheidungseltern kann das Kind auch körperlich, z. B. über psychosomatische Komplikationen, schädigen.

Umgekehrt sind Folgen multikausal, weswegen auch gilt, dass es kein „Missbrauchssyndrom“ gibt. Fast alle Folgen sexuellen Missbrauchs können auch andere Ursachen haben.

d) Die Bedeutsamkeit der einzelnen in Tabelle 3 genannten Gefährdungsfaktoren unterscheidet sich auch je nach Regelungsgegenstand. So sind z. B. Bindungen des Kindes für Entscheidungen wie Wegnahme von Pflegeeltern nach § 1632 Abs. 4 BGB sicher ein bedeutsameres Kriterium als bei Maßnahmen zur Abwendung von Gefahr im Rahmen des § 1666 Abs. 1 BGB.

e) Zusätzlich erschwerend ist, dass nicht nur gegenwärtig schon wirkende Gefährdungen beurteilt werden sollen, sondern auch künftige, die eintreten würden, wenn Gericht oder Jugendamt nicht eingreifen würden. Die Formulierungen im Gesetzestext verlangen auch Eventualprognosen. Es muss also noch keine Schädigung vorliegen. Mögliche Schädigungsfolgen mit hoher Wahrscheinlichkeit müssen aber benennbar sein. In § 8a SGB VIII Abs. 1 ist von „gewichtigen Anhaltspunkten“ für die Gefährdung des Kindeswohls die Rede.

3.3.4 Metafunktion

In einige Regelungen kann man einen Sondermodus im Sinne einer Metafunktion hinein interpretieren. In § 1696 Abs. 1 BGB heißt es, „dass die Gerichte ihre Anordnungen zu ändern haben, wenn das aus triftigen, das Wohl des Kindes nachhaltig berührenden Gründen angezeigt ist“. Die Eingriffsschwelle wird generell für Änderungen von Anordnungen erhöht, gleich in welchem der bisher genannten Gebrauchskontexte. Eine Änderung aus diesen Gründen muss Vorteile gegenüber der früher getroffenen Regelung beinhalten. Gebrauchskontext übergreifend ist auch die pauschale Formulierung in § 42 Abs. 2 SGB VIII, das Jugendamt habe bei Inobhutnahme „für das Wohl des Kindes oder des Jugendlichen zu sorgen …“.

Als „Auffangregel“ (Palandt 2007, §1697, Rdnr. 2) für die Anwendung der Bestvariante fungiert § 1697a BGB. Dort heißt es: „Soweit nicht anderes bestimmt ist, trifft das Gericht in Verfahren über die in diesem Titel geregelten Angelegenheiten diejenige Entscheidung, die unter Berücksichtigung der tatsächlichen Gegebenheiten und Möglichkeiten sowie der berechtigten Interessen der Beteiligten dem Wohl des Kindes am besten entspricht.“

Da, wo die Kindeswohlformel nicht genannt wird, obwohl logisch notwendig, ist sie also hinzuzudenken, so z. B. im § 1628 BGB zur Übertragung des Entscheidungsrechts in Sorgerechtsangelegenheiten auf einen Elternteil. Das zeigt zugleich, dass die hier unterstellte Logik keinesfalls allen Formulierungen des Gesetzes standhält . Die Maßstäbe dafür, ob die Kindeswohlformel verwendet wird oder nicht, ob im Gesetzestext oder in Kommentaren und Begründungen, bleibt unklar.

Formulierungen im Gesetz mangelt es an einigen Stellen an Logik. So wird in § 1680 Abs. 2 BGB das Zulassen der Sorgerechtsausübung durch den überlebenden Elternteil nach dem Tode des allein sorgenden Elternteils nicht an die zu erwartende Voraussetzung geknüpft, „wenn dies dem Kindeswohl dient“, sondern es heißt, „wenn dies dem Kindeswohl nicht widerspricht“. Im gleichen Paragrafen heißt es aber, die elterliche Sorge sei dem Vater im Falle des Todes einer nach § 1626a Abs. 2 BGB (also der ledigen) allein sorgenden Mutter zu übertragen, wenn dies dem Wohl des Kindes entspricht. Oder: In § 1685 Abs. 1 BGB wird Verwandten ein Umgangsrecht zugesprochen, wenn der Umgang dem Kindeswohl dient, d. h., ist dies nicht der Fall, kann er ausgeschlossen oder eingeschränkt werden, nicht erst bei Kindeswohlgefährdung. Im Abs. 3 des gleichen Paragrafen heißt es aber: § 1684 Abs. 2–4 gilt entsprechend. Dort wird aber Kindeswohlgefährdung vorausgesetzt, ehe Umgang längere Zeit ausgeschlossen oder eingeschränkt werden kann.

Schließlich werden auch zuweilen – sprachlich belebend, aber sinnverwirrend – Synonyme verwendet, z. B. „Wohlbefinden" in § 51 SGB VIII oder „Interesse des Kindes" in §§ 1693 und 1745 BGB. Man kann hier das Prinzip der Rechtsklarheit reklamieren, man kann es aber auch als Stadium einer Entwicklung zu festeren Konturen ansehen.

Zusammenfassung: Die Problematik des Begriffs Kindeswohl wird unter juristischem, kognitionspsychologischem, moralischem und wissenschaftstheoretischem Aspekt gekennzeichnet. Es wird vorgeschlagen, unter familienrechtspsychologischem Aspekt als Kindeswohl die für die Persönlichkeitsentwicklung eines Kindes oder Jugendlichen günstige Relation zwischen seiner Bedürfnislage und seinen Lebensbedingungen zu verstehen. Die Vorzüge dieser Definition werden erörtert. Relevante Bedürfnisse und ihre Gefährdungen werden als Bezugspunkte zur Umsetzung des Kindeswohlbegriffs diskutiert. Schließlich werden vier verschiedene Gebrauchskontexte des Kindeswohlbegriffs im Bürgerlichen Gesetzbuch unterschieden und charakterisiert. Damit werden zugleich Grundlagen für die Behandlung des Themas Kindeswille im nächsten Kapitel geschaffen.

4 Der Wille des Kindes

Zu den besonders problematischen Eingangsgrößen bei der Bewertung des Kindeswohls gehört der Wille des Kindes. Seinen Stellenwert rechtlich adäquat und psychologisch fachgerecht zu beurteilen entscheidet maßgeblich mit darüber, ob dem zentralen Regelungsinteresse von Familien- und Jugendhilferecht mit der nötigen Qualität nachgekommen wird, nämlich dem Schutz des Kindes. Deshalb werden im Folgenden neben den normativen Voraussetzungen vor allem psychologische Aspekte des Kindeswillens behandelt und ins Verhältnis zum Kindeswohl gesetzt.

Die genannten Zusammenhänge zwischen Kindeswille und Kinderschutz, zwischen Kindeswille und der Einbeziehung von Kindern in Entscheidungsprozesse sowie der Selbstbestimmung von Kindern haben die Bedeutsamkeit des Kindeswillens als Eingangsgröße bei der Bewertung des Kindeswohls erhöht. Die Diskussion zum Kindeswillen ist differenzierter geworden (vgl. Balloff 2002, 2004; Gütthof 2004; Rohmann 2002; Salzgeber 2005; Zitelmann 2001). Platte Abwertungen des Kindeswillens sind seltener geworden und geratenen oft recht abstrus:

Klenner (2005, 10) hält beispielsweise den Kindeswillen für eines jener Arrangements und Argumente, „die scheinbar der Sache des Kindes dienen, tatsächlich aber den Zweck verfolgen, die Entweder-Oder-Logik mit der Favorisierung eines Elternteils über die Runden zu retten, wobei das Kind nach wie vor Verfügungsmasse, genauso wie Hausrat und Zugewinn, bleiben soll." Der Wille des Kindes als Grundlage der gerichtlichen Entscheidung habe sich als Fiktion erwiesen, weil Kinder „im tiefsten Grunde ihres Herzens wünschen", dass beide Eltern wieder zusammen sind. Spindler & Klarer (2006, 14) argumentieren: Wenn ein Kind nicht zur Schule gehen will oder sich nicht waschen will „werden Fragen der Zumutbarkeit und des Kindeswillens völlig selbstverständlich relativiert." Mitunter wird auch moniert, dass ein Kind „im Spannungsfeld zwischen seinen Eltern keineswegs über einen freien Willen" verfügt (Resch & Möhler 2004, 59), also über etwas, dessen Existenz überhaupt heftig umstritten sei.

4.1 Gesetzgebung

Relevante Rechtsnormen. Im Familienrecht figuriert der Kindeswille innerhalb des Titels „Elterliche Sorge“ des BGB – darauf beschränkt sich diese Abhandlung – als Entscheidungskriterium. In § 1626 (2) BGB begegnet er uns in der Formulierung, dass Eltern mit dem Kind – soweit es nach diesem Entwicklungsstand angemessen ist – Fragen der elterlichen Sorge besprechen und „Einvernehmen“ anstreben. Das schränkt z. B. das Aufenthalts- und Umgangsbestimmungsrecht der Eltern gemäß §§ 1631 Abs. 1 und 1632 Abs. 2 BGB ein. Allerdings ist, wenn Einvernehmen nicht zu erzielen ist, der elterliche Wille ausschlaggebend, es sei denn, die Grenze zum § 1666 BGB ist überschritten (Sorgerechtsmissbrauch).

In § 1671 (2) BGB wird der Widerspruch eines Kindes ab dem 14. Lebensjahr als ein Grund genannt, dem Antrag eines Elternteils auf Alleinsorge nicht stattzugeben. In § 1746 (1) BGB heißt es, dass zur Annahme des Kindes die Einwilligung erforderlich ist. In anderen Zusammenhängen wie etwa der Umgangsregelung nach § 1684 oder der Herausgabe ist der Wille des Kindes zwar nicht Bestandteil des Gesetzestextes, wohl aber Kriterium der Rechtsprechung.

Im FGG ist die Anhörung des Kindes als das verfahrensrechtliche Werkzeug enthalten, den Kindeswillen zur Kenntnis zu nehmen. Nach § 50b (1) hört das Gericht in Verfahren zur Personen- und Vermögenssorge „das Kind persönlich an, wenn ... der Wille des Kindes für die Entscheidung von Bedeutung ...“ ist. Grundgesetzliche Basis sind die Forderungen der Artikel 1 und 2 FGG.

Schließlich ist auf die Rolle des Verfahrenspflegers zu verweisen. Er kann gemäß § 50 FGG vom Gericht dem minderjährigen Kind bestellt werden, „soweit dies zur Wahrnehmung seiner Interessen erforderlich ist“. Der Verfahrenspfleger tritt an die Stelle des gesetzlichen Vertreters und hat in Ergänzung oder an Stelle des Personensorgeberechtigten die Kindesinteressen in das Verfahren einzubringen (Balloff & Koritz 2005; Stötzel 2005). Strittig ist dabei, ob dies die subjektiven Interessen oder die objektiven Interessen betrifft. Überwiegende Meinung ist, dass sich seine Aufgabe vor allem auf die subjektiven Interessen des Kindes zu konzentrieren hat. Nur bei Kindeswohlgefährdungen und beim Kinderschutz hat er auch objektive Interessen einzubeziehen. Damit steht im Mittelpunkt seiner Aufgaben, die Meinungen, Wünsche und Willenstendenzen des Kindes festzustellen und einzubringen. Deshalb sollte eine Zusatzqualifikation auch zur Psychologie kindlicher Willensbildung zu den Voraussetzungen der Tätigkeit von Verfahrenspflegern gehören, gleich, ob sie Pädagogen, Sonderpädagogen, Jugendhilfemitarbeiter oder Psychologen sind.

Übergreifende Intentionen. Welche Absichten des Gesetzgebers und der Rechtsprechung sind erkennbar? Welche außerrechtlichen, z. B. sozialwissenschaftlichen Erkenntnisse, sind enthalten oder hineindeutbar?

(1) Persönlichkeitsentwicklung setzt Selbstbestimmung voraus: Das Recht auf freie Entfaltung der Persönlichkeit nach Art. 1 GG oder das Recht auf Erziehung zu einer eigenverantwortlichen und gemeinschaftsfähigen Persönlichkeit nach § 1 Abs. 1 SGB VIII ist nur mit Freiraum für Selbstbestimmung und Mitwirkung zu gewährleisten. Was allgemein gilt, muss umso mehr beachtet werden in Kindeswohl bezogenen Entscheidungsprozessen. Eine Voraussetzung dafür ist, den Kindeswillen zu beachten. Selbstbestimmtes und verantwortungsbewusstes Handeln als Erziehungsziel ist gefährdet, wenn das Kind lediglich Objekt von Sorgerechts-, Umgangs-, Annahme- oder Herausgabeentscheidungen ist. Deshalb sind Kindern und Jugendlichen vom Gesetzgeber auch vielfältige Beteiligungs- und Mitwirkungsrechte gesichert.

Nun wird sich aber auch diese Intention der Selbstbestimmung nicht den Realitäten aller Erziehungsabsichten entziehen können. Dazu gehört das der Erziehung innewohnende Paradoxon, dass sie nur über Fremdbestimmung zur Selbstbestimmung führen kann und sich so überflüssig macht. Erziehung kann also nicht heißen, sich durchweg am Kindeswillen auszurichten. Das Recht wird diesem subtilen Prozess nicht durch differenzierte Stufungen, sondern grobe Einschnitte oder Unbestimmtheiten gerecht (s. folgenden Punkt 2). Grundgesetzliche Basis der Fremdbestimmung ist vor allem das von Art. 6 (2) GG garantierte elterliche Erziehungsrecht.

(2) Selbstbestimmung soll also Grenzen haben. Der Gesetzgeber verzichtet deshalb auf Generalklauseln zur Mitentscheidung von Kindern, formuliert Bezüge zu Selbstbestimmung und Wille des Kindes nur in einigen wenigen Normen und führt selbst dort Grenzen der Selbstbestimmung ein, indem er Teilmündigkeiten festlegt. In § 1671

(2) BGB (Widerspruchsrecht gegen Elternanträge) wird die Vollendung des 14. Lebensjahres, in § 1746 BGB (Einwilligung zur Annahme) werden die Vollendung des 14. Lebensjahres und die Geschäftsfähigkeit für die Beachtlichkeit des Kindeswillens verlangt, ebenso in §§ 50b (2) und 59 (3) FGG.

Damit werden zwei Kriterien eingeführt, nämlich Altersstandards und individuelle Defizite. Beide können in die Formulierung in § 1626 (2) BGB hineingedeutet werden: Absprache und Einvernehmen mit dem Kind in Fragen der elterlichen Sorge, „soweit es nach dessen Entwicklungsstand angezeigt ist". Der Gesetzgeber schwankt zwischen konventionellen, nicht wirklich begründbaren Altersgrenzen und flexibel-unbestimmten Hinweisen auf den Entwicklungsstand, bei dem unklar bleibt, ob er sich auf die Altersnorm oder die individuelle Kompetenz eines Kindes bezieht.

(3) Die formelle Entscheidungskompetenz liegt nicht beim Kind. Die dem Kind zugestandene Selbstbestimmung und Mitwirkung darf sich nicht zum Nachteil des Kindes auswirken. Sie ist mit anderen Einflussgrößen zu verknüpfen und ins Verhältnis zum Kindeswohl zu setzen. Dies dient dem Schutz des Kindes vor überfordernden Entscheidungen und anderen potenziellen Stressoren. Die formelle Entscheidungskompetenz liegt beim Richter.

Wieder bleibt eine Reihe von offenen Fragen. Heißt also Kindeswohl anzustreben gar nicht, den Kindeswillen umzusetzen? Oder doch? Wie ist genau das Verhältnis von Elternrecht und Recht auf Selbstbestimmung des Kindes? Welche Rolle spielt das Alter? Ist induzierter Wille noch Kindeswille? Wie soll der Kindeswille festgestellt werden?

Sich zu solchen Fragen der juristischen Handhabung des Kindeswillens zu äußern, sollte leichter fallen, wenn vorher über die psychologische Natur des Kindeswillens nachgedacht wird. Das wird in den folgenden Abschnitten unternommen.

4.2 Psychologie des Kindeswillens

4.2.1 Inhalt des Kindeswillens und Stadien der Willensbildung

Als Kindeswille wird hier *die altersgemäß stabile und autonome Ausrichtung des Kindes auf erstrebte, persönlich bedeutsame Zielzustände* verstanden. Damit ist nichts zum Bewusstheitsgrad sowie zu den emotionalen und kognitiven Anteilen gesagt, weil dies nicht weiterführt. Es ist auch nichts zu den hinter der Willensbildung stehenden Motiven gesagt. Sie sind gesondert zu beurteilen (vgl. dazu Abschn. 4.4. und 4.5.). Es geht um vom Kind selbst definierte Interessen bzw. um das, was gelegentlich als „bloßer" Wille des Kindes (vgl. Moritz 1989) benannt wird. Dagegen geht es nicht um „wohl verstandenes" Interesse, nicht um „vernünftigen" Willen (vgl. Moritz 1989, 245), nicht um die stellvertretende Abwägung möglicher Zielzustände durch Professionelle. In diesem Buch wird darauf in Kap. 3.2. unter dem Aspekt zugeschriebener Bedürfnisse bzw. „objektiver" Entwicklungserfordernisse eingegangen.

Aus dem dargelegten Verständnis des Begriffs Kindeswille ergibt sich, dass keine Identität mit dem Begriff „Interessen des Kindes" im § 50 FGG besteht. Es ist vom originalen, von allen „Wohlverständnissen" unverfälschten Kindeswillen die Rede.

Stadien der Willensbildung. Reduziert man gängige Annahmen der neueren psychologischen Forschung zu Willensprozessen (Heckhausen & Heckhausen 2006; Kuhl 2001; Gollwitzer & Malzacher 1996) auf die Ansprüche, die hier bestehen, so sind folgende Aspekte wichtig: Dem kindlichen Willen ist – wie dem Willen überhaupt – ein Woher und ein Wohin zuzuschreiben (Tab. 4).

Das *Woher* betrifft den Bedürfnishintergrund. Das Erleben von Bedürfnisbefriedigung wie auch deren Gefährdung führen zu motivationalen Tendenzen auf ganz unterschiedlichem Bewusstheitsgrad. Am Beginn der kindlichen Entwicklung steht die Oszillation von Bindungsbedürfnis und Streben nach Erkundung bzw. Selbstentfaltung im Mittelpunkt solcher motivationalen Tendenzen. Später spielen alle in Tabelle 3 (s. Seite 52) genannten Bedürfnisbereiche eine Rolle.

Solche motivationalen Tendenzen bestimmen auch das Verhalten. Dadurch können die eigenen Gefühle, z. B. Ängste oder Wut, durchaus sinnvoll reguliert werden, aber lediglich im Sinne eines ungerich-

Tab. 4: *Stadien der Willensbildung*

Präintentionale Phase	Intentionale Phase
Das Woher des Willens	Das Wohin des Willen
Bedürfnishintergrund; motivationale Tendenzen im Sinne von Unbehagen, Leidensdruck, ungerichteten Veränderungswünschen; unreflektiertes Beharren	Zielintentionen (Absichten) Mittelintentionen (Vorsätze)

teten, unbestimmten Strebens nach Veränderung. Dazu zählt z. B., wenn familiäre Bedingungen zu Leidensdruck führen. Die andere Variante ist unreflektiertes Verharren. Fühlt sich ein Kind bei wöchentlichem Wechsel zwischen beiden Elternteilen wohl, begegnet es Gesprächen mit Unverständnis, in denen es um mögliche Veränderungen geht. Selbst stärkere emotionale Beziehungen zu einem Elternteil und darauf aufbauende latente Wunschtendenzen werden nicht handlungsleitend, wohl aber sind sie bewusstseinsfähig und in Absichten überführbar unter bestimmten Voraussetzungen (s. unten). Das kann einerseits als belastend erlebt werden, weil es mit dem Zwang zur Entscheidung verbunden ist. Es kann aber auch als entlastend aus motivationalen Konflikten und Gewinn an Handlungsfähigkeit erlebt werden. Auf jeden Fall findet dann der Übergang vom Woher zum Wohin, vom präintentionalen zum intentionalen Stadium der Willensbildung statt.

In der Phase des „Woher" kann dem Kind viel eingeredet werden. Es kann überfordert werden, indem ihm Entscheidungen abverlangt werden, die noch nicht herausgebildet sind, z. B. durch den Gutachter oder den Richter. Es ist aber auch die Phase, in der zuweilen die Entscheidung von außen, z. B. der richterliche Beschluss, das Kind aus überlastender Verantwortung nehmen bzw. aus einem Konflikt „befreien" kann. Es ist auch die Phase, in der die vielfältigen Vorstellungen über „Beratung" des Kindes am ehesten sinnvoll umgesetzt werden können.

Der Aspekt des *Wohin* meint die Zielorientierung. Nicht mehr nur Aktivierung, sondern Ausrichtung des Willens steht im Vordergrund, inhaltliche Intentionen werden wirksam, und zwar Zielintentionen und Mittelintentionen bzw. Absichten und Vorsätze.

Zielintentionen: Sie stellen die Absicht dar, einen bestimmten Zustand zu erreichen oder beizubehalten, z. B. die Absicht, „Ich will meinen Vater sehen". Natürlich zählt auch die klare Absicht dazu, einen Zustand zu vermeiden, z. B. Rückkehr ins dissoziale Elternhaus. Eine Absicht kann vorwiegend emotional oder vorwiegend kognitiv repräsentiert sein. Sie ist jedenfalls der Abschluss einer Phase zielloser Unzufriedenheit oder Bedrückung oder des Konflikts zwischen verschiedenen Wünschen, z. B. einerseits den Vater zu kontaktieren, andererseits die Mutter durch den Umgang nicht zu verletzen. Dadurch dass Zielzustände festgelegt werden, wird das Abwägen unverbindlicher Wünsche beendet. Dies kann als Gewinn an Handlungsfähigkeit erlebt werden. Zu den nachteiligen Folgen gehört, dass sich die Wahrnehmung und Erinnerung von Personen und Beziehungen der Zielintention gemäß, d. h. weniger der Realität folgend, verändern können bis hin zur Selbstgefährdung.

Wann entstehen Zielintentionen?
(1) Die Wahrscheinlichkeit steigt, wenn Bedürfnisspannungen in der präintentionalen Phase (Woher-Aspekt) ausgeprägt sind. Je stärker z. B. die Bindung zu einem Elternteil und je größer deshalb der Trennungsschmerz, desto eher entsteht die Zielintention, Kontakt zu haben.

(2) Je attraktiver ein potenzieller Endzustand ist, desto eher wird er zur Zielintention. Die Attraktivität kann z. B. bei der Entscheidung, wo ein Kind künftig leben will, darin bestehen, dass bei einem Elternteil eher Bindungsbedürfnisse befriedigt werden, oder auch darin, dass größere materielle Vorteile erhofft werden. Wenn Kinder darauf beharren, bei beiden Eltern zu wohnen, bzw. in gleichverteiltem Maße wöchentlich zu wechseln, dann befinden sie sich noch im präintentionalen Stadium (s. oben), oder sie sehen darin die attraktivste Zielintention. Eine Variante ist, dass sie keinen der beiden Elternteile verletzen wollen. Das zeigt, dass eine Zielintention weniger attraktiv wird, wenn die Gefahr nachteiliger Folgen wächst.

(3) Je realisierbarer eine Zielintention erscheint, desto höhere Chancen hat sie, präferiert zu werden. Diese Aussage hat zwei Aspekte.

Ein Mädchen hat z. B. miterlebt, wie eine Freundin ihren Willen erreichte, vom zerrütteten Elternhaus weg in ein Heim zu kommen. Sie hält dies deshalb für objektiv leicht erreichbar und strebt es an. Der andere Aspekt ist, dass sie ihre eigenen Potenzen, z. B. Durchsetzungsvermögen, hoch veranschlagt und deshalb diese Zielintention bildet. Damit sind wir aber beim nächsten Faktor.

(4) Je ausgeprägter Kontrollüberzeugungen, vor allem Selbstwirksamkeitserwartungen, wahrgenommene Voraussehbarkeit und Beeinflussbarkeit von Ereignissen und Kompetenzüberzeugungen (s. Kapitel 5.3.1.) sind, desto höher ist die Wahrscheinlichkeit, dass Zielintentionen gebildet werden, mit anderen Worten, dass der Initiator-Status eingenommen wird (Kapitel 5.3.1.).

(5) Wenn der Druck von außen wächst, steigt die Wahrscheinlichkeit, dass eine Zielintention entsteht. Hierzu zählen all jene Fälle, in denen ein Erwachsener ein Kind bewusst oder unbewusst drängt oder gar bedrängt, eine Entscheidung zu fällen. Das kann ein Elternteil sein oder ein Verwandter, es kann aber auch ein Richter, ein Gutachter oder ein Verfahrenspfleger im Rahmen der Feststellung des Kindeswillens sein. Es kommt auf die spezielle Konstellation an, ob dabei induzierter Wille entsteht (s. Kap. 4.5.) oder ob dem Kind geholfen wird, seine konflikthaften Wunschtendenzen zu reflektieren und zu ordnen. Von den Zielintentionen lassen sich die Mittelintentionen unterscheiden.

Mittelintentionen (Vorsätze): Sie dienen dazu festzulegen, auf welche Weise, wann und wo die Zielintention verwirklicht wird. Ein Kind, das den Umgang mit einem Elternteil ablehnt, nimmt sich vor: „Ich werde weglaufen, wenn er mich von der Schule abholt.“ Oder es schweigt bei diesem Thema bei jedem Gespräch (Anhörung, Exploration). Damit werden auch Konflikte darüber beendet, welches Mittel der Zielerreichung genutzt werden soll, z. B. offener Protest oder Schweigen. Sie stehen damit im Dienste der Zielintention (Gollwitzer & Malzacher 1996), wenn sie gebraucht werden.

Wann werden sie gebraucht? Wann entstehen Vorsätze? Wenn Zielintentionen als besonders wichtig erlebt und wenn Widerstände und Hindernisse erwartet werden, so dass Zielintentionen allein nicht ausreichen. Dazu zählt, dass dem Kind etwas einfällt, um seinem nicht erhörten Wunsch nach Kontakt zum umgangsberechtigten Elternteil Nachdruck zu verschaffen. Ferner gehört dazu, dass Kinder oder Jugendliche soziale Unterstützung, z. B. des Jugendamtes, anfordern, um eigene Ziele, z. B. den Wechsel von den Pflegeeltern zur leiblichen Mutter, zu verwirklichen.

4.2.2 Mindestanforderungen

Welche Mindestanforderungen sollten erfüllt sein, um überhaupt vom Vorliegen eines kindlichen Willens ausgehen zu können? Im Folgenden werden vier einfache, für die hier behandelte Problematik brauchbare Merkmale genannt, die sich aus dem bisher Gesagten ergeben.

(1) Zielorientierung: Nicht mehr nur stimmungsabhängiger Leidensdruck oder ungerichtete Veränderungstendenzen, sondern eine handlungsleitende Ausrichtung auf erstrebte Zustände dominiert, d. h. Vorstellungen darüber, was sein soll, z. B. Verbleib bei Pflegeeltern, bzw. was nicht sein soll, z. B. Rückkehr zum schlagenden Elternteil, d. h. Zielintentionen sind vorhanden. Ferner sind Vorstellungen dazu vorhanden, wie etwas erreicht werden kann, d. h. Mittelintention sowie die Bereitschaft, sich entsprechend zu verhalten.

(2) Intensität: Hier geht es um die Nachdrücklichkeit und Entschiedenheit, mit der Ziele angestrebt werden. Die Intensität nimmt zu mit der subjektiven Bedeutsamkeit der zu Grunde liegenden Strebungen und der Attraktivität der Zielzustände. Sie ist erkennbar am Beharrungsvermögen bei Hindernissen und Widerständen.

(3) Stabilität: Willenstendenzen sollten über eine angemessene zeitliche Dauer gegenüber verschiedenen Personen und unter verschiedenen Umständen beibehalten werden. Die Wahrscheinlichkeit dafür steigt mit der Intensität. Welche zeitliche Dauer angemessen ist, hängt von der spezifischen Konstellation, z. B. den Lebensbedingungen des Kindes, ab. Dabei ist Stabilität immer relativ, weil die kindliche Willensbildung ein Prozess ist. Dennoch ist es ein Unterschied, ob sich Willenstendenzen von Gespräch zu Gespräch ändern oder ob es darum geht, dass ein Kind sich zunächst resignierend an Gegebenheiten anpasst und aus Konflikten ausweichen *will* und dann allmählich die eigenen Ansprüche als sinnvoll und berechtigt erkennt und durchsetzen will.

(4) Autonomie: Der Wille soll Ausdruck der individuellen, selbst initiierten Strebungen sein, quasi ein Baustein zur Selbstwerdung des Kindes, Bestätigung des Subjektseins und Beweis für Selbstwirksamkeitsüberzeugungen des Kindes. Das schließt nicht aus, dass Fremdeinflüsse an der Formierung des Willens beteiligt waren und dass zu den Selbstwirksamkeitsüberzeugungen auch Kontrollillusionen gehören.

Jedes dieser vier Merkmale ist kontinuierlich ausgeprägt. Welcher Ausprägungsgrad auf dem Kontinuum ausreichend ist, um einer Mindestanforderung zu genügen, ist der präzisen Feststellung nicht zugänglich. Gelten kann aber: Das Gewicht des Kindeswillens als Kriterium des Kindeswohls ist umso größer, je ausgeprägter diese vier Merkmale sind – immer vorausgesetzt, dass es nicht um selbstgefährdenden Kindeswillen geht.

Es geht um konstitutive Dimensionen, auf die gerade unter entwicklungspsychologischem Aspekt geachtet werden sollte. Mit ihnen sind andere Kriterien und Dimensionen absichtlich hintangestellt, z. B. die unnötige Frage nach Bewusstheit des kindlichen Willens oder die erfolglosen Bemühungen, einen emotionalen und einen rationalen Willen zu unterscheiden, um dann nur „begründeten“ oder „reflektierten“ Willen usw. anzuerkennen. Dies bewahrt uns davor, unangemessene Maßstäbe für das Alter festzulegen, ab dem ein zielorientiertes, intensives, stabiles und autonomes Wollen von Kindern vorauszusetzen ist.

4.2.3 Alter des Kindes und Wille

Eine wesentliche Einflussgröße bei der Willensbildung wurde bisher außer Acht gelassen: der Stand der Persönlichkeitsentwicklung des Kindes oder des Jugendlichen, der Einfachheit halber meist festgemacht am Alter. Das Kriterium ist umstritten. Das Spektrum reicht sowohl in der Literatur als auch in der Rechtsprechung von der Meinung, es gäbe keine Grenze nach unten, bis hin zum Bezug auf gesetzliche Regelungen, die in den hier anstehenden familienrechtlichen Konfliktbereichen z. T. auf das Vollenden des 14. Lebensjahres orientieren.

Juristische Einschnitte sind relativ willkürliche, allenfalls aus pragmatischer Sicht vertretbare Markierungen. Inhaltliche Kriterien können am ehesten aus *entwicklungspsychologischen* Erkenntnissen abgeleitet werden. Dabei können uns die gängigen Stufensysteme wenig helfen. Die Entwicklungsstufen des Denkens (Piaget 1978), die Stufen der moralischen Urteilsfähigkeit (Kohlberg 1974) bzw. der Fähigkeit zur Perspektivübernahme (Selman 1984) sind nicht nur zu starr und grob, sondern zudem auch umstritten (Siegler 1996). Für die Frage, ab welchem Altersbereich ein entscheidungsrelevanter kindlicher Wille vorausgesetzt werden kann, halten sie keine Antwort bereit. Hierzu bedarf es empirisch gesicherter Erkenntnisse darüber, wann der *Neuerwerb solcher psychischer Kompetenzen stattfindet, die Voraussetzungen zur Willensbildung sind.* Vor allem geht es um den Neuerwerb sozialkognitiver Fähigkeiten zur strukturierten Wahrnehmung, Speicherung und Beurteilung von Informationen über die eigene Person und über die soziale Umwelt und zur Handlungssteuerung.

Die moderne kognitive Entwicklungspsychologie bietet Erkenntnisse dazu am ehesten unter dem Dach der Hypothese, dass Kinder nach einer intuitiven psychologischen Alltagstheorie, genannt „theory of mind“, arbeiten (Astington u. a. 1988; Harris 1992; Bischof-Köhler 2000; Sodian 2006; Wellmann u. a. 2001). Die „Theory of mind“ umfasst kindliche Annahmen über Bewusstseinsvorgänge und Verhalten von Menschen. An dieser Stelle werden insbesondere die altersabhängigen Kompetenzerweiterungen thematisiert, die damit verbunden sind.

Besonders interessant erscheint in diesem Zusammenhang, dass der *Altersbereich drei bis vier Jahre* im Sinne eines qualitativen Sprungs bzw. einer „Wasserscheide der naiven Theorie über mentale Repräsentationen“ (Silbereisen 1995) diskutiert wird.

Astington (2000, 136) geht unter Bezugnahme auf mehrere Autoren und Befunde davon aus, „daß Kinder etwa im Alter von vier Jahren eine repräsentationale Theorie des Denkens entwickeln“. Gemeint ist damit, Kinder würden verstehen, dass mittels Denken Situationen konstruiert und interpretiert, also aktiv im Kopf repräsentiert werden. Sie verstehen, dass Menschen innerhalb einer so konstruierten Welt handeln, auch wenn die Repräsentationen falsch sind. Kinder bemerken, dass man selbst oder andere etwas annehmen können, was nicht stimmt. Als übergreifendes Fazit geht es nach Astington (2000, 201) darum, wie Kinder dazu kommen, „Intentionalität zu erkennen, zu verstehen, daß sie selbst und andere Menschen Intentionen, Überzeugungen, Bedürfnisse, Hoffnungen, Ängste und dergleichen haben".

Hier ist der Bezug zum Thema Kindeswille. Die Bedeutsamkeit der Altersschwelle 3–4 Jahre zeigt sich in einer Reihe von Kompetenzerweiterungen, die Willensbildung ermöglichen (Tab. 5).

Tab. 5: *Kompetenzerweiterungen im Alter von 3 bis 4 Jahren, die Willensbildung ermöglichen*

Neuerwerb	Alter	Autor
Erwerb des Begriffes Überzeugung	3–4	Sodian 1996, 2006
Fähigkeit, zwischen Realität und Überzeugung zu unterscheiden	3–4	Sodian 1996, 2006
Verstehen falscher Überzeugung; Erinnern an eigene falsche Überzeugung	4	Astington 2000 Mitchell & Lacohée 1991
Unterscheidung von absichtlichen und zufälligen Handlungen	3–4	Piaget 1983 Shultz u. a. 1980
Erwerb der Kernbegriffe Absicht und Überzeugung als Werkzeug zur Vorhersage menschlichen Verhaltens	3–4	Perner 1991 Sodian 1996
Voraussage von Gefühlen (z. B. Traurigkeit nach Misslingen einer Absicht)	3	Harris 1992 Wellman 1990
Unterscheidung zwischen wirklichen und vorgestellten Dingen bzw. angenommenen Zuständen (reale und geistige Welt)	3	Astington 2000 Harris 1992 Wellman 1990
Übergang von bloßer Empathie zur emotionalen Perspektivübernahme	3	Selman 1984 Silbereisen 1995

Neuerwerb	Alter	Autor
Fähigkeit, bei Interaktionen auf den Informationsstand des Gegenüber Rücksicht zu nehmen	4	Perner & Leekam 1986
Berücksichtigung der falschen Überzeugung des anderen in der eigenen Handlungsvorhersage	3–4	Wellmann u. a. 2001 Carpenter u. a. 2003
Differentierung zwischen Handlungsintentionen und Scheinintentionen anderer	3	Rakoszy u. a. 2004
Situationsübergreifende Verhaltensvorhersagen in Abhängigkeit von Persönlichkeitsmerkmalen	4	Yulli u. a. 1998
Fähigkeit zur Täuschung anderer	3–4	Hala u. a. 1991 Harris 1992 Winner & Leekam 1991, Wilson 2003
Fähigkeit zum Bedürfnisaufschub bzw. Belohnungsaufschub	3–4	Bischof-Köhler 1996, 2000
Selbstkontrolle (Verzicht) Beginn des autobiographischen Gedächtnisses (Erinnerung an persönlich relevante Ereignisse)	4–5 3–4	Perner 1991 Schneider & Büttner 1995 Perner 1998
Reflexionen über Zukunft	$3^1/_2$–4	Harner 1982
Vorstellungen über Zeitspannen	3–4	Bischof-Köhler 1996, 2000
Übergang vom prälogischen bzw. magischen Denken zum kausalorientierten Denken	3–4	Piaget 1955 Resch 1996
Sprachliche Kompetenzen: Gegensätze benennen; Fragen zu sozialen Beziehungen stellen; Begriffe mit Zeitbezug; mentale Ausdrücke (Wollen, Können)	3–4	Harris 1992 Sodian 1996, 2006

- Eine beachtliche Anzahl von Untersuchungen zeigt, dass Kinder „zwischen etwa drei und vier Jahren den Begriff der Überzeugung erwerben und damit die *Fähigkeit, zwischen Überzeugung und Realität zu differenzieren* …“ (Sodian 1996). Damit sind die Nutzung externer Informationen und der kritische Vergleich mit eigenen Annahmen, z. B. über Personen oder familiäre Ereignisse, möglich.
- Damit verbunden sind das *Verstehen falscher Überzeugungen* – eigener wie der anderer Personen – und die Erinnerung daran im Alter von vier Jahren (Astington 2000; Mitchell & Lacohée 1991).
- Dass Kinder mit drei bis vier Jahren *zwischen absichtlichen und zufälligen Handlungen unterscheiden* können, fand zuerst Piaget (1983) heraus. Bestätigende Ergebnisse nennen z. B. Shultz u. a. (1980).
- Vor allem Vierjährige, teilweise auch schon Dreijährige haben die *Kernbegriffe der Absicht* und der Überzeugung *erworben*, sie können falsche Überzeugungen anderer in der eigenen Handlungsvorhersage berücksichtigen, sie können zwischen Handlungsintentionen und Scheinintentionen anderer differenzieren (Wellmann u. a. 2001; Carpenter u. a. 2003; Rakoczy u. a. 2004). Sie verfügen damit über *Werkzeuge zur Erklärung und Vorhersage des Verhaltens* von Bezugspersonen (Sodian 2006). Verallgemeinert heißt das, Kinder dieses Alters können bereits Informationen über psychische Merkmale einer Person verwenden, um deren Vehalten in anderen Situationen vorauszusagen (Yulli 1998). Die *Voraussage von Gefühlen*, z. B. der Traurigkeit nach Misslingen einer Absicht, gelingt bereits mit drei Jahren (Harris 1992).
- Dreijährige können zwischen wirklichen und vorgestellten Dingen, also *zwischen der realen Welt und der geistigen Welt unterscheiden* (Harris 1992; Wellman 1990). Sie sprechen von sich aus Gegensätze zwischen beiden Welten an, stellen Vergleiche an. Sie können über einen angenommenen, aber den Tatsachen nicht entsprechenden Zustand reflektieren, also auch Hypothetisches über die Zukunft erwägen, was ja eine Voraussetzung für kindliche Willensbildung ist.
- Drei- bis Vierjährige können von *einer gegebenen Situation, z. B. Streit, auf dadurch ausgelöste Emotionen schließen und umgekehrt auch von einer gegebenen Emotion, z. B. Freude, auf eine mögliche Situation* (Geschenk) als Ursache. Harris (1992) führt das auf Ab-

leitungen aus Alltagserfahrungen zurück, die aber transferiert werden können auf nicht selbst erfahrene Situationen.

- Im dritten Lebensjahr beginnt der Übergang von der bloßen Empathie – als gefühlsmäßigem Betroffensein durch die Gefühlslage des anderen – zur *emotionalen Perspektivübernahme*, d. h. dem Vergegenwärtigen und Verstehen von Emotionen auf Grund der Lage des anderen. Sie setzt voraus, dass verschiedene Sichtweisen oder Arten des Betroffenseins von einer Situation differenziert werden können, und mündet in komplizierten Koordinationen von Perspektiven (Selman 1984; Silbereisen 1995) in höheren Altersstufen. Wenn aber die Sichtweise des Anderen gesehen werden kann, ist auch eigene Willensbildung abgrenzbar.
- Im vierten Lebensjahr erwerben Kinder die Fähigkeit, bei Interaktionen auf den *Informationsstand des Zuhörers Rücksicht zu nehmen* (sog. referenzielle Kommunikation), z. B. darauf, ob dieser einen Vorfall gesehen hat und darüber etwas wissen kann (Perner & Leekam 1986).
- Harris (1992) sieht es auf Grund von Untersuchungen (Byrne & Whiten 1988) als erwiesen an, dass Dreijährige andere Personen bewusst in die Irre führen können, also zur *Täuschung anderer* in der Lage sind. Kinder ab drei Jahren zeigen z. B. absichtlich mit dem Finger in die falsche Richtung, um zu vermeiden, dass ein selbst erwünschter Gegenstand nicht von einem anderen Kind gefunden wird. Das bedeutet zunächst nur, dass uns bereits Kinder in diesem Alter ihren Willen verbergen oder modifiziert mitteilen können. Jeder Gutachter hat sich schon über diese frühe Kompetenz schon gewundert.
- Für die Qualität kindlicher Willensbekundungen ist es z. B. wichtig, ob Kinder überhaupt in der Lage sind, ein aktuelles Bedürfnis aufschieben zu können, d. h. nicht sofort erfüllen zu müssen, ohne stark frustriert zu sein. Das verlangt, zeitliches Nacheinander von Bedürfnisreaktionen zu organisieren, z. B. eine größere Belohnung später einer kleineren Belohnung sofort vorzuziehen. Außerdem ist damit die Unterscheidung von Bedürfnis und Intention verbunden. Die Forschungen zum sog. *Belohnungsaufschub* zeigen, dass diese Kompetenz bei Drei- bis Vierjährigen beginnt (Bischof-Köhler 1996). Selbstkontrolle im Sinne des Verzichts wird nach Untersuchungen von Perner (1991) im Alter von 4 bis 5 Jahren bedeutsam. Diese Qualitäten des Motivmanagements ermöglichen

überhaupt erst, sich frei zu entscheiden, was man „wollen möchte“ (Bischof-Köhler 1996).

Diese Kompetenzen im Sinne der Annahme einer „theory of mind“ sind wiederum nur möglich auf der Grundlage tief greifender Veränderungen in der Organisation von Erleben und Verhalten im gleichen Altersbereich. Solche gleichzeitig entstehenden *Rahmenkompetenzen* sind z. B.

- Sich an persönlich relevante Ereignisse erinnern zu können, ermöglicht den Aufbau des *autobiografischen Gedächtnisses*. Übereinstimmendes Ergebnis entsprechender Forschungen (im Überblick vgl. Schneider & Büttner 1995) ist, dass im Alter von 3–4 Jahren die Phase der sog. infantilen Amnesie durch den Beginn autobiografischen Gedächtnisses beendet wird. Für die hier anstehende Fragestellung nach dem kindlichen Willen ist noch bedeutsam, dass Kinder am Beginn verstärkt auf spezifische Gedächtnishilfen Erwachsener angewiesen sind, um Informationen exakt zu reproduzieren (Schneider & Büttner 1996, 2000).
- Damit einher geht, dass Dreieinhalb- bzw. Vierjährige aus dem Gegenwartsbezug heraustreten und über Vergangenheit sowie – mit zunächst größeren Schwierigkeiten – über *die Zukunft reflektieren* (Harner 1982), und sie beginnen, sich *Zeitspannen vorzustellen* (Bischof-Köhler 1996).
- Spätestens mit vier, d. h. teilweise auch mit drei Jahren, dominiert *logisch und kausal orientiertes Denken* das zunächst vorherrschende magische Denken. Zum magischen Denken gehört z. B., dass unbelebten Dingen Motive zugeschrieben werden oder Zufälle in prälogischem Denken als Auswirkung von Handlungen erklärt werden, auch eigener Handlungen oder Absichten (Piaget 1955). Mit der Ablösung von dieser entwicklungspsychologisch zunächst bedeutsamen Phase (Resch 1996) werden durch Alltagserfahrung begründete kausale Schlussfolgerungen möglich, die sich bereits nicht mehr prinzipiell von denen Erwachsener unterscheiden.
- Sprachliche Rahmenkompetenzen, die im 3. Lebensjahr verfügbar werden, sind z. B. die Fähigkeit, Gegensätze zu benennen, Fragen zu sozialen Beziehungen zu stellen, mentalistische Ausdrücke (Wollen, Können) und Begriffe mit Zeitbezug zu gebrauchen.

Nun ist der Neuerwerb psychischer Kompetenzen ein fortlaufender Prozess. Das Wollen-Können, das Entdecken des Ich als Quelle von Bewirken oder Verweigern liegt schon vor dem dritten Lebensjahr, aber noch als Selbstzweck, als Training, auch als Quelle von Autonomieansprüchen und Selbstwirksamkeitserwartungen, aber noch nicht als Zielintention. Und nach dem 3./4. Lebensjahr setzt sich die Kette neu erworbener Kompetenzen fort. Erst mit fünf Jahren wird verstanden, dass ein und derselbe Sachverhalt ganz unterschiedlich aufgefasst werden oder dass man auch falsche Überzeugungen hegen kann.

Fazit des Gesamtüberblickes ist: Erstaunlich früh, nämlich mit 3 bis 4 Jahren, erwerben Kinder alle notwendigen psychischen Kompetenzen, um einen autonomen und stabilen Willen haben und äußern zu können. *Deshalb ist der Kindeswille ab drei Jahren familienrechtlich bedeutsam und sollte in Personensorgeangelegenheiten ab diesem Alter festgestellt werden, z. B. durch Anhörung gemäß § 50b FGG, durch spezielle Diagnostik bei der Begutachtung.*

Natürlich kann es nicht darum gehen, entwicklungspsychologische Erkenntnisse unabhängig vom Verfahrensanlass oder der prozessualen Situation zu übertragen. Wenn es um erlebte, gewollte oder abgelehnte Sozialbeziehungen des Kindes geht, sind solche Erkenntnisse z. B. eher ein Kriterium als bei Formalien wie der Namensänderung nach § 1618 BGB.

Mit dem Alter der Kinder kann zwar die rationale Fundierung des Willens wachsen. Aber erstens ist diese als Element der Selbstbestimmung und Information über Bedürfnisse und Bindungen nicht von vornherein gewichtiger und respektabler als emotionale Fundierung, weswegen der häufig gesuchte Ausweg der Unterscheidung von emotionalem und rationalem Willen nicht weiterführt. Und zweitens ist für Konfliktfälle durchaus nicht gesichert, ob irrationale Verzerrungen und Momente der Selbstschädigung wirklich mit dem Alter tendenziell abnehmen oder sich z. B. im Jugendalter nur inhaltlich verändern. Weiterhin nimmt sicher die Gefahr der Induzierung fremden Willens mit dem Alter ab, aber in Trennungsnöten und bei Bindungsgefährdungen scheint es doch bei älteren Kindern und Jugendlichen erhebliche Rückfälle zu geben, gegen die die unbefangene Selbstbezogenheit kleinerer Kinder zuweilen mehr schützt. Und ist die sog. Egozentrizität jüngerer Kinder etwa eine größere Gefahr für rationale oder autonome Willensbildung als die oft ausgeprägte Tendenz bei älteren Trennungskindern, auf Grund ihrer gewachsenen sozialen Kompetenzen die Bedürfnisse, Wünsche und Ängste ihrer verstrittenen Bezugspersonen besser zu erkennen und eher von ihnen bestimmt, in sie verstrickt zu werden?

Jede Altersstufe birgt so spezifische „Störquellen", die dazu führen können, dass der „bloße" Wille den Vorstellungen Erwachsener nicht entspricht oder gar wirklich selbst gefährdende Momente enthält.

Sicher entwickelt sich die Ausdruckskompetenz, z. B. von der nonverbalen zur verbalen Willensäußerung, hin. Aber bei angemessener Diagnostik ist jede alterstypische Ausdrucksform aussagekräftig. Und andererseits ist es für keine Altersstufe gerechtfertigt, sich nur auf verbale Willensbekundungen zu stützen. Das Vorurteil, der Wille kleinerer Kinder sei prinzipiell weniger differenziert, vernünftig und beachtlich, gefährdet die Diagnostik am meisten.

Kleineren Kindern zwar prinzipiell eine entwicklungspsychologische Willensfähigkeit zuzuerkennen, nicht aber eine rechtlich bedeutsame, ist erstens ethisch nicht vertretbar und zweitens unter psychologischem Aspekt offensichtlich ein Missverständnis. Eigentlich sind Bedenken meist auf mögliche *individuelle* Beeinträchtigungen bezogen, z. B. Entwicklungsverzögerungen im Verhältnis zu Gleichaltrigen oder Überforderung oder massive Fremdbestimmung oder Traumatisierung durch Vernachlässigung, Missbrauch oder Misshandlung, die ja tatsächlich immer berücksichtigt werden müssen, die aber in jeder Altersstufe von Kindern und Jugendlichen vorkommen. Richtig stellen deshalb Klußmann und Stötzel (1995, 51) fest: „... ob die Willensäußerung eines Kindes als eigenständig und durchdacht gewertet werden kann, hängt nur annäherungsweise vom Lebensalter, vielmehr aber von seinem geistig-seelischen Entwicklungsstand ab, und dieser kann individuell höchst unterschiedlich sein." Um aber Abweichungen feststellen und beurteilen zu können, sind Altersnormen im Sinne grober Orientierungsmaßstäbe und als Kriterien für durchschnittliche Altersangemessenheit unentbehrlich.

Inzwischen wurde fast jede Altersstufe als abstrakte Grenze für die Anerkennung des kindlichen Willens plausibel zu machen versucht. Es ist aber nicht gerechtfertigt, irgendeine Altersstufe als generell defizitär, als Minus-Variante des Erwachsenenwillens anzusehen. Alle Vorschläge, im höheren Kindesalter – mit 6 oder 8 Jahren, mit 10 oder 12 Jahren – rechtliche Bedeutsamkeitsgrenzen für den kindlichen Willen zu ziehen, übersehen dies und hoffen unbegründet auf

„vernünftige" Kalküle, die man nicht mehr auf ihre Kindeswohltauglichkeit überprüfen muss. Nicht selten werden an den Kindeswillen Anforderungen gestellt, die auch der Wille Erwachsener nicht unbedingt erfüllt, so etwa wenn postuliert wird, es „kann bei dem noch nicht neunjährigen Kind nicht davon ausgegangen werden, dass die verbale Ablehnung ... auf einer unerschütterlichen und begründeten Selbstentscheidung beruht" (OLG Thüringen, Beschl. vom 17. 06. 1999 – 1 UF 128/99, vgl. FamRZ 1/2000, 47). Oder ein Zivilsenat bekundet, er sei trotz des eindeutig ablehnenden Verhaltens eines 13-Jährigen zum Umgang mit seinem Vater „doch davon überzeugt, dass K. zu einer eigenverantwortlichen Entscheidung zu seinem Besten noch nicht befähigt ist", er könne die Folgen seiner „hartnäckigen Ablehnung" nicht abschätzen (Nr. 286 KG, 13. ZS-FamS, Beschl. vom 21.7.2000, 13 UF 9842/99, FamRZ 48(6) 2001, 368). Die einzige erkennbare Begründung bleibt, dass der Junge 13 Jahre alt ist. Juristisch wird geschlussfolgert, dass mit der durch Fakten beschriebenen „nachhaltigen" Ablehnung des Umgangs durch den Jungen "das Recht und die Pflicht des Vaters auf Umgang mit seinem Kind jedoch nicht abzutun" seien. Damit wird wenigstens nachvollziehbar, dass das Kindeswohl nicht mehr Gegenstand der Erwägung war und deshalb der Kindeswille als nachrangig abgetan werden konnte.

Zuweilen werden Konstrukte wie die „14-Jahresgrenze als Durchschnittstypus für die kindliche Selbstbestimmungsfähigkeit" (Johannsen & Henrich 1998, 1028) geschaffen und dann in Gerichtsbeschlüssen (vgl. OLG Zweibrücken, 6. ZS-FamS, Beschluss vom 29. 06. 2000 und 6 UF 73, 99, FamRZ 3/2000, 186) zitiert, um die nachrangige Bedeutung des Kindeswillens eines jüngeren Kindes zu begründen. Eine neue Variante, die Willensbildung bei Vorschulkindern als Defiziterscheinung abzuwerten, ist, sie auf moralische Urteilsfähigkeit zu reduzieren. Jopt und Behrend (2000b) meinen, die Fähigkeit zur moralischen Bewertung sei „im Vorschulalter noch nicht entwickelt". Deshalb würden Kinder in diesem Alter rein emotional und situativ Partei nehmen, je nachdem mit welchem Elternteil sie gerade zusammen sind. Erst um das zehnte Lebensjahr könne man „moralische" Parteilichkeit beobachten als Folge der Entwicklung hin zu heteronomer Moral und Konzepten wie „Fairness" und „Gerechtigkeit". Erst Jugendliche „entscheiden auf Grund ihrer größeren kognitiven Reife und wachsenden Autonomie in Bezug auf Normen und Werte selbst, was sie als moralisch verwerflich ansehen".

Hier werden der Wille und die Entscheidungsfindung des jüngeren Kindes zunächst von so zentralen Stimuli wie den Bedürfnissen abgekoppelt und ausschließlich an die Qualität der moralischen Urteilsbildung gebunden. Dann wird unter Bezug auf Piaget und Kohlberg die „prämoralische Orientierung" des kleineren Kindes als Beweis für die mindere Qualität kindlicher Urteilsbildung überhaupt herangezogen.

Nachdem psychologische Aspekte des Kindeswillens dargestellt wurden, soll im folgenden Abschnitt die Beziehung zwischen Kindeswille und Kindeswohl analysiert werden.

4.3 Kindeswohl und Kindeswille

Heißt, den Kindeswillen zu erkennen, ihn zwangsläufig auch als Grundlage von Entscheidungen in Personensorgeangelegenheiten anzuerkennen? Die Frage ist nur zu beantworten, wenn das Kindeswohl als Orientierungsmaßstab und Kriterium (vgl. Kapitel 3) solcher Entscheidungen einbezogen wird. Zwei Positionen stehen sich hier gegenüber (s. Abb. 4).

Kindeswohl kann nicht gegen den Willen des Kindes gewährleistet werden, so lautet die eine Position. Den Kindeswillen um jeden Preis umzusetzen, kann dem Kindeswohl schaden, lautet die andere.

Die erste Position wird damit begründet, dass der Kindeswille der wesentliche Inhalt des Kindeswohls sei (Ell 1990), wobei allerdings Kindeswohl als subjektives Wohlbefinden verstanden wird. Oder sie wird damit begründet, dass der Kindeswille eine Voraussetzung des Kindeswohls ist, das dann lediglich als Recht des Kindes auf Selbstbestimmung verstanden wird (Köster 1997).

Die zweite Position, die auch hier vertreten wird, trägt der nur allzu bekannten Tatsache Rechnung, dass Menschen unter bestimmten Bedingungen etwas anstreben, was objektiv nicht zu ihrem Besten ist

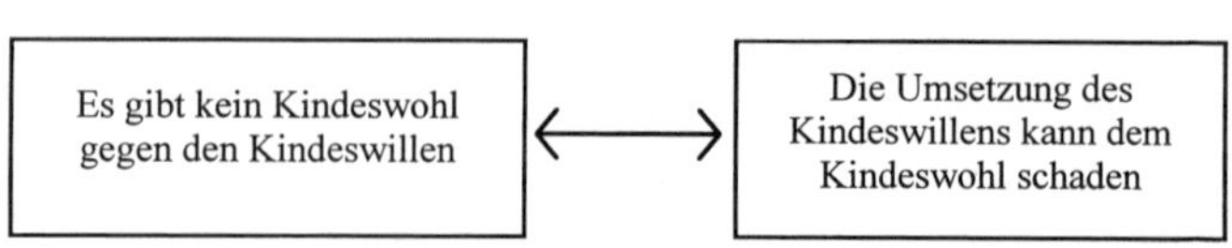

Abb. 4: *These und Antithese zum Verhältnis von Kindeswohl und Kindeswille*

und/oder unter dem Einfluss anderer Personen zum eigenen Ziel wurde. Dies trifft auch für Kinder und Jugendliche in familienrechtlichen Konfliktlagen zu.

Ein dreizehnjähriges Kind kann die Rückkehr in das Elternhaus verweigern, weil es sich im Kreise einer Drogen missbrauchenden Gleichaltrigengruppe „wohl fühlt". Dabei kann aber auch Gruppendruck und -sog bis hin zur Angst vor negativen Folgen bei Verlassen der Gruppe ausschlaggebender Motivhintergrund sein, weswegen der Wille nicht hinreichend selbstbestimmt ist.

Ein sechsjähriges Kind lehnt entschieden Kontakt zu seinem umgangsberechtigten Vater ab, an den es sich kaum noch erinnert. Dies begründet es stereotyp mit Redewendungen der sorgeberechtigten und umgangsvereitelnden Mutter.

Ein Neunjähriger will weiterhin im Haushalt des Vaters leben, obwohl sexuelle Übergriffe vorkamen.

Dem Kindeswillen zu folgen, könnte dann bedeuten, dass Lebensbedingungen hergestellt werden, die in einem Missverhältnis zur objektiven Bedürfnislage des Kindes stehen. Damit wäre – gemäß der in Kapitel 3.2. gegebenen Definition – das Kindeswohl gefährdet. Es bestünde ein Schadensrisiko. Ein Schutzbedarf des Kindes wäre gegeben.

Es muss das Prinzip gelten: Soviel Akzeptierung des Kindeswillens wie möglich, soviel staatlich reglementierender Eingriff wie nötig, um das Kindeswohl zu sichern. Das ist eine Facette eines allgemeinen Grundsatzes: Soviel Autonomie der Rechtssubjekte wie möglich, soviel staatliche Reglementierung wie nötig.

Die Prüfung des Schutzbedarfs hat aber zwei Seiten. Auf der einen Seite sind mögliche Gefährdungsfolgen zu prüfen, die auftreten, wenn dem kindlichen Willen stattgegeben wird. Die andere Seite betrifft die Prüfung möglicher Gefährdungsfolgen, wenn dem Kindeswillen nicht gefolgt wird, z. B. Resignation, Hilflosigkeit, Labilisierung des Selbstwertgefühls. Die Prüfung bewegt sich im Spannungsverhältnis von Kindeswille und Kindesschutz. Ein prinzipiell mögliches Ergebnis ist, dass die Selbstbestimmung des Kindes durch den Schutzbedarf des Kindes begrenzt ist oder ausgeschlossen werden muss. Mit anderen Worten: Der Wille des Kindes ist zwar grundsätzlich zu berücksichtigen, es sei denn, das ist mit dem Wohl des Kindes nicht mehr vereinbar. In diesem Sinne verlangt z. B. das Bundesverfassungsgericht die Prüfung, ob der geäußerte Kindeswille „auch tatsächlich mit dem Kindeswohl in Einklang steht" (BVerfG/1 BvR 1986/04 v. 08.03.2005,

FamRZ 2005, 1057). Würde also die Umsetzung des Kindeswillens dem Kindeswohl schaden, muss das Kind davor geschützt werden, d. h. das Kindeswohl muss dann auch gegen den Kindeswillen gesichert werden. Es geht um die Entscheidung zwischen Unsicherheiten.

Exkurs: Risikoabwägung, Hypothesenbildung und sekundäre Kindeswohlgefährdung

Entscheidungen zwischen Unsicherheiten werden oft als Dilemma empfunden. Akzeptierung wie Nichtakzeptierung des Kindeswillens, Umgangsgewährung wie Umgangsausschluss können das Kindeswohl sichern oder auch gefährden. Sinnvolle Entscheidungen sind nur auf dem Wege differenzierter Risikoabwägungen (Dettenborn 2003) zu finden, d. h. das Gefährdungspotential von Risikofaktoren ist abzuwägen. Dafür gibt es keine allgemeingültigen Bewertungskriterien und keine Punkteskalen. Es gibt nur Urteilsspielräume. Diese lassen sich durch eine methodisch durchdachte Hypothesenbildung und -prüfung ordnen.

Die Hypothesen können simpel sein (Kindeswille ist autonom vs. Kindeswille ist induziert), oder sie können differenziert sein. Es werden z. B. einzelne Motive des Kindes für die Kontaktverweigerung als Hypothesen formuliert, als Grundlage kann der differenzierte Motivkatalog nach Vergho (2004) dienen. Oder es werden Teilhypothesen dazu gebildet, was für die „Gewichtigkeit" eines Anhaltspunktes für Kindeswohlgefährdung gemäß §8a Abs. 1 SGB VIII spricht und damit geeignet ist, die Handlungspflichten des Jugendamtes auszulösen, und was dagegen spricht. Selbst wenn die Hypothesen zunächst simpel sind, so mindern sie doch die Wahrscheinlichkeit einseitiger Sammlung und Bewertung von Informationen. Sie sind Ausgangspunkte zur Differenzierung der Hypothesen. Außerdem sind sie Gewähr für die Erhaltung der Flexibilität in der Urteilsbildung. Voraussetzung ist, dass jede Hypothese auch für falsifizierbar gehalten wird.

Es besteht die berufsethische Pflicht zu solch einer permanenten Hypothesenbildung und -prüfung, auch wenn sie meist mühsamer ist als schnelle Vorannahmen und darauf folgende Selbstbestätigungskreisläufe.

Je weniger Risikoabwägung mit Hypothesenbildung eine Entscheidung vorbereitet, desto größer ist die Gefahr sekundärer Kindeswohlgefährdung. Primäre Kindeswohlgefährdungen können z. B. bestehen in massiver Manipulierung des Kindeswillens oder rigider ungerechtfertigter Umgangsvereitelung, also durch Handeln Erwachsener, das in eklatantem Widerspruch zu den Bedürfnissen des Kindes steht und dessen Persönlichkeitsentwicklung beeinträchtigt.

Sekundäre Kindeswohlgefährdungen entstehen durch Fehlreaktionen auf tatsächliche oder scheinbare primäre Kindeswohlgefährdung, und zwar durch Fehlreaktionen der an familiengerichtlichen Entscheidungsprozessen beteiligten Personen und Instanzen (Richter, Sachverständige, Jugendamtsmitarbeiter, Verfahrenspfleger usw.). Es wird z. B. massive Manipulation des Kindeswillens fälschlicherweise angenommen oder fälschlicherweise übersehen und jeweils mit zwangsläufig unangemessenen Sanktionen oder Hilfen reagiert.

Die Folgen solcher Fehlreaktionen unterscheiden sich nicht von denen der primären Kindeswohlgefährdung: Es werden auch hier durch Handeln oder Nichthandeln Lebensbedingungen geschaffen, die im Widerspruch zu den Bedürfnissen des Kindes stehen und seine Persönlichkeitsentwicklung gefährden können.

Dahinter steht oft, dass mangels Hypothesenbildung gar keine Entscheidungsalternativen wahrgenommen werden, d. h. der Risikocharakter wird verkannt: Es liegt die Illusion der Gewissheit vor. Anfangs wird aus einem zunächst nachvollziehbaren Ersteindruck, ein Kind werde manipuliert, eine unumstößliche, durch nichts beirrbare (Vor-)Annahme. Dann werden aus dem wohlbegründeten Anliegen, möglichst beide Elternteile für das Kind zu erhalten, blinde Dogmen, die Umgang um jeden Preis, auch gemeinsames Sorgerecht oder schnelle Einigung um jeden Preis predigen.

Die sekundäre Kindeswohlgefährdung wird als Thema eher gemieden. Es ist unbequem, und das Haftungsrisiko ist bislang gering. Die Risikofolgen professioneller Fehlreaktionen liegen ausschließlich auf Seiten der betroffenen Erwachsenen oder der Kinder. Um sekundäre Kindeswohlgefährdungen zu vermeiden, sind Bemühungen um eine Standardisierung des Vorgehens notwendig (Münder 2006, §8a Rn. 56; Kindler u. a. 2007). Aber auch größere Bereitschaft zur Kommunikation über Risiken und zur regelmäßigen Fehleranalyse, Supervision und Fortbildung sind wichtig. Es geht hierbei um die sinnvolle Nutzung des Gruppenvorteils (Ideenhäufung, Fehlerausgleich, Kompetenzkoordinierung usw.) durch effektive professionsübergreifende Zusammenarbeit oder das in §8a SGB VIII erlangte „Zusammenwirken mehrerer Fachkräfte" – allerdings bei Wahrung eines ausgewogenen Verhältnisses zu individueller Verantwortung.

In Konfliktlagen, die bei Personensorgeangelegenheiten auftreten, sind es vor allem *zwei Konstellationen*, die unter diesen Aspekten zu prüfen sind: *der selbst gefährdende Kindeswille* und *der induzierte Kindeswille*.

Bevor auf diese Konstellationen eingegangen wird, ist zu relativieren: In den meisten Fällen entspricht der Kindeswille dem Kindeswohl und ist dann eines der wichtigsten Kriterien zur Bestimmung des Kindeswohls. Ob er wirklich, wie häufig angenommen, das wichtigste Kriterium ist, hängt von den konkreten Umständen, auch von der Fragestellung ab. Eine feste Rangordnung gibt es – außer bei Kindeswohlgefährdung – nicht, auch wenn Psychologen den Bindungsaspekt und Juristen oft den Förderaspekt stärker beachten.

Die Bedeutsamkeit des Kriteriums Kindeswille ist aber auch vom jeweiligen Gebrauchskontext des Begriffs Kindeswohl abhängig (vgl. Kapitel 3.3.). Geht es um die Bestvariante, d. h. z. B., welche Sorgerechtsübertragung dem Kindeswohl „am besten" entspricht, dann ist der Kindeswille tendenziell wichtiger, z. B. weil er dann vorwiegend Ausdruck von Bindungen ist. Anders bei dem Gebrauchskontext der Vermeidung von Kindeswohlgefährdung. Hier treten die objektiven Bedürfnisse des Kindes in den Mittelpunkt. Der Kindeswille verliert an Bedeutung. Dies begegnet uns vor allem im Kinderschutzverfahren nach §§ 1666, 1666a BGB. Zu den psychischen Folgen von Misshandlung, grober Vernachlässigung oder sexuellem Missbrauch kann eben auch gehören, dass die willentliche Selbstbestimmungsfähigkeit beeinträchtigt ist.

Dabei spielen ganz unterschiedliche Motive eine Rolle: Kinder verleugnen eigene Wünsche oder Befürchtungen und passen sich ängstlich an angenommene Erwartungen Erwachsener an. Traumatisierende Handlungen werden verdrängt oder als verdiente Strafe umgedeutet. Schuldgefühle können entstehen und die Hoffnung nähren, durch Sich-Fügen die Lage ändern zu können. Solche Abwehrmechanismen können soweit gehen, dass gefährdende Bezugspersonen idealisiert werden. Eine zwangsläufige Folge ist, dass Selbstwirksamkeitsüberzeugungen schwinden.

Die kindliche Willensbildung wird insofern nicht angemessen durch das Risikopotenzial mitbestimmt, das im schädlichen Handeln einer Bezugsperson liegt. Es kommt zu fehllaufenden Lernprozessen, die das Ausmaß der Fehlentwicklungen annehmen können. Zwar ist dies insgesamt eher selten, aber im Kinderschutzverfahren relativ gehäuft zu finden.

4.4 Selbst gefährdender Kindeswille

4.4.1 Gründe

Welche Gründe führen nun zu einem Kindeswillen, dessen Befolgen Lebensbedingungen herstellen würden, die im Missverhältnis zur objektiven Bedürfnislage des Kindes stehen und damit sowohl das Kindeswohl gefährden als auch Schutzbedarf für das Kind produzieren?

Zunächst zu den internen Faktoren, den Beweggründen des Kindes. Die zum Kindeswillen gehörenden Zielintentionen sind damit verbunden, dass möglicher Nutzen und Schaden sowie deren Eintrittswahrscheinlichkeit eingeschätzt werden. Selbstgefährdung resultiert meist daraus, dass solche Einschätzungen unrealistisch und verfehlt sind oder ausbleiben.

Verfehlte Nutzenerwartungen: Häufig begegnen uns kleine Vorteile als Hauptargumente des Kindes bei der Entscheidung für einen Elternteil, z. B. dass das Kind länger aufbleiben kann, dass dort mehr Spielzeug verfügbar oder ein Schwimmbad in der Nähe ist. Die Relation zu anderen Faktoren – nützlichen beim anderen Elternteil oder schädlichen beim präferierten Elternteil – wird unangemessen oder gar nicht erwogen. Bequemlichkeiten, wie z. B. weniger Kontrolle, mehr „Freiheiten", sind vordergründige Zielorientierungen, die sich langfristig zum Nachteil des Kindes auswirken. Das Gleiche gilt für solche Gründe des Verbleibenwollens in einer Drogen missbrauchenden, zur Kriminalität neigenden Gleichaltrigengruppe, wie Zugehörigkeitsgefühl und Anerkennung sowie „Spaß".

Verfehlte oder fehlende Schadenseinschätzungen: Ein Kind will von den Pflegeeltern weg und zurück zur alkoholabhängigen Mutter, bevor Bindungen zu den Pflegeeltern entstehen konnten. Der Grund sind zwei ältere Geschwister, die noch bei der Mutter leben. Der objektive Schaden, d. h. die Gefährdung durch das Verhalten der Mutter, kann nicht adäquat beurteilt und ins Verhältnis zu eventuellem Nutzen aus dem Geschwisterkontakt gesetzt werden.

Ein Kind will nicht wieder ins Heim zurück, sondern beim Vater bleiben, der es rechtswidrig aus dem Heim holte, vom Schulbesuch fern hielt und auf seinem Bauernhof mitarbeiten ließ.

Eine Minderjährige wehrt sich gegen Fremdplatzierung, also die Trennung von einer Bezugsperson, von der sie sexuell missbraucht wurde, wobei jede Reflexion über schädliche Folgen vehement abgewehrt wird.

Verfehlte Realisierungseinschätzungen: Der Kindeswille ist bei Entscheidungen über das alleinige Sorgerecht eines Elternteils zuweilen geleitet von „Sonntagsbedingungen" oder von schulleistungsfernen Wochenendgestaltungen bei einem Elternteil. Oder das Kind urteilt unter dem unmittelbaren Eindruck eines gemeinsamen Urlaubs mit einem Elternteil. Die Wahrscheinlichkeit, dass die angenehmen Kontaktabläufe auch den dauernden Alltag bestimmen, wird inadäquat hoch eingeschätzt.

Hinter solchen verfehlten oder fehlenden Einschätzungen stehen meist interne oder externe Risikofaktoren, die ein angemessenes Abwägen erschweren. Interne Faktoren können Verunsicherung und Irritation, schließlich erhöhte Vulnerabilität und Überforderung des Kindes im Erwachsenenstreit sein.

Dem entspricht z. B., wenn in einem Beschluss des OLG Bamberg (7. ZS-Fams-, Beschluss vom 24. 03. 1999 – 7 UF 25/99, FamRZ 1/2000, 46) „Übergangsschwierigkeiten infolge eines längeren Zeitraums fehlender Kontakte" zum Anlass genommen werden, um von „lediglich momentanem Willen" des Kindes gegen Umgangskontakte zu sprechen, der mit dem Kindeswohl nicht vereinbar und deshalb unbeachtlich sei.

Zu den internen Faktoren gehören auch Entwicklungsverzögerungen, seltener auch Minderungen der geistigen Leistungsfähigkeit, Fehlentwicklungen der Persönlichkeit, psychische Erkrankungen, Traumatisierungserlebnisse.

Externe Faktoren reichen von der permanent starken Belastung des Kindes durch mangelnde Befriedigung angemessener Bedürfnisse bis hin zu irritierenden und alle vernünftigen Maßstäbe auflösenden Angebotswettbewerben von Trennungseltern, wie z. B. der Wetteifer um das größere Kinderhochbett oder das teuerste Fahrrad.

Das Wesentliche ist aber die Verflechtung interner und externer Faktoren im Einzelfall und der Prozess ihrer Wechselwirkungen, also z. B. das Ausweichen aus der Überforderung konkurrierender Eltern durch Überdistanzierung zu einem Elternteil und Überidentifikation mit dem anderen. Diese Flucht aus dem Dilemma, dieser Schutz gegen handlungsunfähig machende Ambivalenz kann zu Kindeswohl schädlichem Willen führen, wie etwa von einem zum anderen Elternteil ziehen zu wollen oder Umgang mit einem Elternteil strikt abzulehnen, obwohl er förderlich wäre, oder Umgang haben zu wollen, obwohl Gefährdungsmomente offensichtlich sind. Um solche Willenstendenzen vor sich selbst zu rechtfertigen, werden z. B. die Verhaltensweisen des Elternteils, zu dem das Kind möchte, positiver wahrgenommen, als sie sind, d. h. verkannt, negative werden schneller vergessen oder „übersehen", d. h. verleugnet, seine Wohnung und andere Lebensumstände erhalten höheren Aufforderungscharakter. Selektive, d. h. wunschgerechte Wahrnehmung bzw. Erinnerung und die Zielintention verstärken sich gegenseitig. Jede Äußerung anderer Personen, auch der präferierten Person selbst, jede eigene angenehme Begleitemotion wirkt bestätigend oder wird entsprechend umgedeutet. Gleichzeitig vorhandene positive und negative Eigenschaften einer Bezugsperson können nicht mehr integriert werden. Schon erworbene integrierte Bilder einer Bezugsperson können wieder zerfallen.

Je rigoroser ein Kind durch einen Erwachsenen zu solchen Reaktionen gedrängt wird und je mehr die häufig passageren Reaktionen im Sinne von Überidentifikation und -distanzierung übergehen in stabile kompromisslose Zuwendung zu einem Elternteil und in eine rigorose nicht nachvollziehbare Abwendung vom anderen Elternteil, desto mehr kann sich dies dem umstrittenen Zustandsbild des Parental Alienation Syndroms (Gardner 1992) nähern. Darauf wird in Kap. 5 eingegangen. Zuvor sollen jedoch die vielfältigen Wirkungsbedingungen auf ihre Kernsachverhalte, d. h. auf Kindeswohl, Kindeswille und Erwachseneninteresse reduziert und in ihren Standardbeziehungen analysiert werden.

4.4.2 Variationen der Basis-Trias

Die Kompliziertheit der Willensdiagnostik ergibt sich aus der Vielfalt der möglichen Konstellationen externer und interner Einflussgrößen des Kindeswillens einerseits sowie der Interessen beteiligter Erwachsener und des Kindeswohls andererseits. Dazu kommen noch die recht unterschiedlichen rechtlichen Bezüge. Verdichtet man diese Bedingungen, so verbleiben als *Basis-Trias* das *Kindeswohl* als Zielgröße, der *Kindeswille* und das *Erwachseneninteresse* (von Erwachseneninteresse wird gesprochen, weil nicht nur Eltern ihre Interessen, z. B. als Inhaber des Aufenthaltsbestimmungsrechts, einbringen). Die

Idealvariation im Verhältnis der drei Faktoren, d. h. ihre Kongruenz, ist in Abb. 5a wiedergegeben. Kindeswille und Erwachseneninteresse harmonieren und sind beide kindeswohldienlich. Die Variationen, in denen der Kindeswille nicht Kindeswohl dienlich ist, sind in Abb. 5b–d als drei Spezialfälle dargestellt.

Spezialfall 1: Der Kindeswille weicht einerseits vom Erwachseneninteresse ab und dient andererseits auch dem Kindeswohl nicht. Das Erwachseneninteresse ist aber kindeswohldienlich. Der „reine" Spezialfall 1 ist im Problemkreis Erziehung und Sorge enthalten.

Hierunter fallen die schon genannten Beispiele, dass ein Kind oder ein Jugendlicher die Rückkehr in den Elternhaushalt verweigert und sich gegen den Willen der Eltern in der Wohnung einer ihm bekannten Person auf Dauer aufhält oder sich einer Gruppe Drogensüchtiger, kriminalitätsgefährdeter Gleichaltriger anschließt. Der Elternwille hat in diesem Fall Vorrang vor dem Kindeswillen bis zur Schranke der §§ 1666 Abs. 1, 1631 Abs. 2 BGB. Die Eltern können die Rückkehr verlangen, und es liegt in ihrem Ermessen, ob und in welchem Maße sie dabei Gewalt gegen das Kind zu Erziehungszwecken einsetzen. Grundsätzlich ist dies ja gesetzlich nicht untersagt worden. Sie darf nur nicht missbräuchliche Ausübung elterlicher Sorge gem. § 1666 Abs. 1 oder eine entwürdigende Erziehungsmaßnahme gem. § 1631 Abs. 2 BGB darstellen. Auf jeden Fall können Eltern gem. § 1631 Abs. 3 BGB beim Familiengericht Unterstützung beantragen, und das Familiengericht hat diese zu gewährleisten, soweit es entsprechende Maßnahmen als Kindeswohl dienlich ansieht. Solche Maßnahmen reichen vom Erlassen eines Rückkehrgebotes an das Kind bis hin zur Gewalterlaubnis per Verfügung des Familiengerichtes gem. § 33 Abs. 2 FGG für das Handeln von Gerichtsvollzieher und Polizei. Gewalt wird aber nach dem Gebot der Verhältnismäßigkeit der letzte Schritt nach anderen Eingriffsversuchen sein, es sei denn, Zeitverzug würde akute Gefährdung des Kindeswohls bedeuten.

Dem Vorrang des Elternwillens gegenüber dem Kindeswillen entspricht auf der Grundrechtsebene ganz offenbar, dass das Grundrecht des Kindes auf freie Entfaltung seiner Persönlichkeit aus Art. 2 Abs. 1 GG dem Erziehungsrecht bzw. der Erziehungspflicht der Eltern aus Art. 6 Abs. 2 GG untergeordnet ist. Dies erscheint auch insofern logisch, dass Erziehung immer auch bedeutet, Intentionen bzw. Erziehungsziele einzubringen und Interventionen zur Verfügung zu haben, um Intentionen auch verwirklichen zu können. Das enthält aber unvermeidlich Fremdbestimmung des Kindes, zumindest am Be-

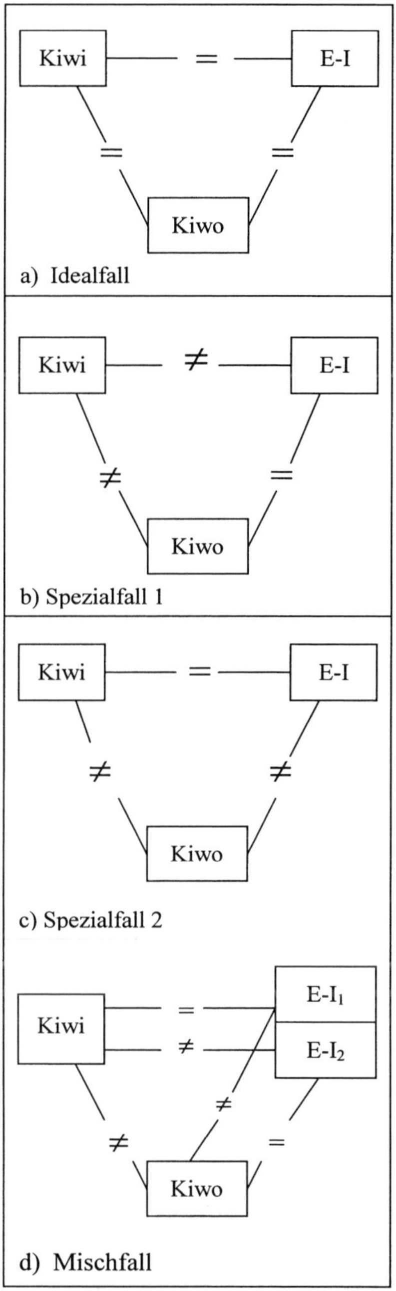

Abb. 5: *Basis-Trias*
Kiwi = Kindeswille
Kiwo = Kindeswohl
E-I = Erwachseneninteresse

ginn als Hilfe zur Selbstbestimmung, dann sich selbst erübrigend, sofern nicht Komplikationen eintreten, wie z. B. selbstgefährdende Selbstbestimmung.

Die Gegenüberstellung von Elterninteresse und Kindeswille am Beispiel des Aufenthaltsbestimmungsrecht soll den Kern der Problematik verdeutlichen. Im Einzelnen differieren Teilaspekte, z. B. wenn es um andere Erwachsene als Eltern oder gar Institutionen als Rechtsinhaber geht. Auch ist die Anwendung von Gewalt unterschiedlich geregelt. Für die Herausgabe mit dem Zweck, Umgang durchzusetzen, ist sie gemäß § 33 Abs. 2 FGG nicht zugelassen.

Spezialfall 2: Der Kindeswille stimmt hier zwar überein mit dem Erwachseneninteresse, ist aber so wie dieses ein Risiko für das Kindeswohl. Beispiele wurden bereits genannt: Sowohl das Kind als auch der sorgende Elternteil lehnen Kontakte zum umgangsberechtigten Elternteil ab, obwohl sie nur positive Folgen für das Kind hätten. Allerdings gibt es ein zweites Erwachseneninteresse, das des umgangsberechtigten Elternteils. Oder ein Kind strebt an, zum sorgeberechtigten Vater zu ziehen, der aber des sexuellen Missbrauchs an diesem Kind überführt wurde. Auch hier gibt es ein zweites Erwachseneninteresse, nämlich das der Mutter, bei der das Kind lebt. Dieser Zwiespalt zweier Erwachseneninteressen ist dann auch das Typische für diese Art von strittigen Entscheidungen über alleinige Sorge, Umgang, Herausgabe, Adoption usw. Es handelt sich also genau genommen um die Mischung der Spezialfälle 1 und 2.

Mischfall (vgl. Abb. 5d): Häufig steht das Kind in diesen Konstellationen mindestens zwei Erwachsenen bzw. institutionellen Interessenträgern gegenüber, z. B. Pflegeeltern und leibliche Eltern, Jugendamt und Adoptiveltern und am häufigsten Vater und Mutter, im Extremfall in der PAS-Konstellation. Das Kind ist in Entscheidungsprozesse einbezogen. Es gibt zwei negative Ausgänge. Entweder der Kindeswille steht dem Kindeswohl dienlichen Interesse, z. B. eines kompetenten umgangssuchenden Elternteils, entgegen. Das Kind lehnt einen Umgang ab, der dem Kindeswohl entsprechen würde. Oder der Kindeswille harmoniert mit dem Erwachseneninteresse. Ein Kind und seine Mutter lehnen den Kontakt des Kindes zum Vater ab. Beide können sich aufeinander berufen. „Der Junge will ja keinen

Umgang“, sagt die Mutter. Das Kind stimmt dem zu. Beide handeln aber nicht im Sinne des Kindeswohls.

Die Richtung, in der einzelne Verfahrensbeteiligte innerhalb solcher Konstellationen fragen, sich engagieren oder entscheiden, ist unterschiedlich. Die Aufgaben von Sachverständigen sind dabei andere als die des Verfahrenspflegers (Balloff 2000; Zitelmann 2001)), und beider Eingriffe unterscheiden sich von denen des Richters (Schwab 2006). Aber die differenzierte Sicht auf diese Varianten und ihre Besonderheiten ist für alle Beteiligten eine Voraussetzung gezielten Arbeitens.

4.5 Induzierter Wille

Die Beeinflussung von Kindern bzw. ihres Willens und ihrer Einstellungen ist eine Begleiterscheinung familienrechtlicher Konflikte. Wenn Kinder eine Meinung oder einen Willen äußern, der einer Konfliktpartei nicht genehm ist, wird dies häufig als Ergebnis von Beeinflussung abgewertet. Aber selbst wenn das Kind beeinflusst wurde, ist es dann gerechtfertigt, die so entstandene Willensbekundung als weniger bedeutsam einzuschätzen?

Diese Frage wird kontrovers diskutiert. Zu den Pro-Argumenten gehört z. B., dass durch Beeinflussung entstandener Kindeswille eben eine Induktion eines fremden Willens, also kein eigener Wille sei, dass er deshalb Manipulation und nicht als Indiz für Selbstbestimmung einzuordnen sei. Die Bezugsperson mit mehr Kontakt und Macht sei im Vorteil, weil sie mehr manipulieren könne. Zu den Gegen-Argumenten gehört:

- Jeder menschliche Wille ist beeinflussbar, auch der Wille Erwachsener (Lempp 1983; Köster 1997).
- Erziehung sei immer Beeinflussung, weshalb das Kind sogar Anspruch auf Beeinflussung habe (Lempp 1983).
- Insbesondere jede liebevolle Zuwendung sei Beeinflussung (Köster 1997), d. h., dass jede sinnvoll agierende Bezugsperson beeinflusst.
- Wenn mehrere Personen sich dem Kind zuwenden und das Kind die Beeinflussung einer Person annimmt und die der anderen Be-

zugsperson(en) nicht, dann sei zu fragen, wieso das so ist (Ell 1990).

- Jede Art von Beeinflussung führe zu einer „psychischen Prägung beim Kind“, die als Tatsache hinzunehmen sei (Peschel-Gutzeit 1989; Köster 1997).

Um hier Position beziehen zu können, sollen zunächst die verschiedenen Arten der Induzierung differenziert werden, um dann Effekte zu unterscheiden.

Arten der Induzierung. Zunächst ist die indirekte von der direkten Induzierung zu unterscheiden. Die *indirekte* Induzierung meint das Gewähren und Versprechen von Vorteilen wie Geschenke, Zuwendung, Freizügigkeiten. Dies wurde im vorigen Abschnitt behandelt. Die *direkte* Induzierung betrifft konkreter das Verändern von Einstellungen und Willensinhalten von Kindern in Bezug auf bestimmte Personen („er lügt“) oder in Bezug auf die Zukunft („sie ist nur so lange nett zu dir, bis du dort lebst“). Induzierte Inhalte sind vorwiegend Furcht, Ablehnung und Feindseligkeit. Bewusst oder unbewusst wird außerdem oft die Furcht erzeugt, dass sich der Induzierende bei erwartungswidrigem Verhalten des Kindes vom Kind abwendet, d. h. Verlustängste entstehen.

Die direkte Induzierung kann offen oder verdeckt erfolgen. *Offen* und damit für das Kind eher erkennbar sind verbale Verdächtigungen des Konfliktpartners, anklagende und abwertende Bemerkungen über ihn vor dem Kind, aber auch übel nehmende Äußerungen über erwartungswidrige Verhaltensweisen des Kindes („du wirst schon sehen, was du davon hast, ich habe dich gewarnt“). *Verdecktes* Vorgehen nutzt eher nonverbale Kommunikation, vor allem Mimik und Gestik, Liebesentzug bei induktionsfernem Verhalten des Kindes und mehr Zuwendung bei induktionsgetreuem Verhalten.

Intensitätsstufen induzierenden Verhaltens sind Manipulation im Rahmen alltäglicher Kommunikation, *Aufhetzen* als affektiv-tendenziöse Attacken und *Zwang* bzw. Drohung.

Die Abgrenzung zur Erziehung als Medium von Beeinflussung liegt wohl darin, dass nicht die Absicht dominiert, die Persönlichkeitsentwicklung des Kindes zu fördern, sondern eigene Ziele in einem Konflikt durchzusetzen und die Erfolgsaussichten des Konfliktpartners zu mindern. Je bewusster das ist und je mehr deshalb Fakten entstellt werden, desto mehr liegt Täuschungsabsicht vor. Kompliziert wird dies dadurch, dass Selbsttäuschung vorgeschaltet sein kann, d. h. der Induzierende glaubt selbst an seine Botschaften, um sein Verhalten vor sich und dem Kind verantworten zu können. Oft ist es schwer, die Grenze zur unbedarften Fehleinschätzung zu ziehen, z. B. wenn das Bettnässen eines Kindes vom Umgang suchenden Elternteil als „Schuld" des betreuenden Elternteils interpretiert wird, nicht aber als Folge der belastenden Gesamtsituation, zu der beide beigetragen haben.

Effekte der Induzierung. Relativ unabhängig von all dem polarisieren sich die Effekte in äußerliche *Anpassung* einerseits und *Verinnerlichung* der Induzierung andererseits. Die äußere Anpassung des Kindes an Intentionen eines Erwachsenen ist Ergebnis eines Nutzen-Kalküls. Das Kind will nachteilige Folgen induktionswidrigen Verhaltens wie Liebesentzug, Repressalien, Terror vermeiden, die eigene Zielintention aber nicht aufgeben. Deshalb werden Pflichtübungen in Gegenwart des Induzierenden absolviert. Ihm wird Recht gegeben, wenn er seinen Konfliktpartner beschimpft. Bei der Übergabe im Rahmen des Umgangskontakts wird der negativ etikettierte Elternteil nicht angesehen und angesprochen, anschließend wird ihm aber herzlich begegnet.

Die Verinnerlichung der induzierten Inhalte bedeutet, dass Bewertungen, also auch Abwertungen, Ängste und Zielintentionen der beeinflussenden Person zu Einstellungen, Gefühlen und Willensbestandteilen des Kindes geworden sind. Ablehnungen und Ängste werden gefühlt, Ziele werden vertreten und angestrebt im Sinne eigener Intentionen und damit eines *Initiatorstatus.* Sie gehören zur eigenen Identität. Sie mit Erfolg durchzusetzen, kann Selbstvertrauen stärken und Kontrollüberzeugungen fördern, also auch Selbstwirksamkeitserwartungen.

Es ist deshalb vergröbernd, wenn das Bundesverfassungsgericht feststellt: „Ein Kindeswille kann außer acht gelassen werden, wenn er offensichtlich beeinflusst worden ist" (BverfG, 1. Senat, Beschluss vom 2. April 2001 – 1 BvR 212/98, FamRZ 2001, 1057). Allerdings wird angefügt, es sei zu berücksichtigen, „dass auch durch Beeinflussung eine echte und damit schützenswerte Bindung entstehen kann."

Bemerkenswert und zu begrüßen ist in diesem Zusammenhang die Begründung eines Beschlusses des OLG Hamm (11. Fams, Beschluss vom 20. 11. 1998 – 11 UF 12/98, FamRZ 1/2000, 45), mit dem das Umgangsrecht des nicht sorgeberechtigten Elternteils ausgeschlossen wurde. Die als eine Voraussetzung genannte Ablehnung von Kontakten durch das Kind müsse „auf einer inneren Ablehnung beruhen, der tatsächliche oder auch eingebildete, nicht sachgerecht verarbeitete Ereignisse zugrunde liegen". Ob die Ablehnung und die Angst des Kindes Folge der Beeinflussung durch die Mutter sind, sei unerheblich. Um alle Zweifel zu beseitigen, heißt es: „Angst bleibt Angst, auch wenn sie nur auf Einbildung beruht."

Eine Gemeinsamkeit mit Erziehungseinflüssen besteht auch in Folgendem: Sind Einflüsse völlig gegen schon vorhandene Einstellungen und Absichten eines Kindes gestellt, sind verhaltensändernde Effekte wenig wahrscheinlich. Trotzdem erzwungenes Verhalten ist leicht erkennbar, aber auch instabiler.

Die Kehrseite dieser Gemeinsamkeit von Induzierung im Konflikt und Erziehungseinflüssen ist dann: War die Induzierung erfolgreich, dann ist das darauf zurückzuführen, dass der ursprüngliche Wille tendenziell geringer ausgeprägt war, dass z. B. die Einstellung zur Negativperson ambivalent oder sogar gestört war. Die induzierten Inhalte treffen auf eine tendenziell schon vorhandene Bereitschaft. Sie führen dann – wie „normale" Beeinflussungen – zu psychischer Realität, die nun Selbstbestimmung ist. Sie nicht zu beachten, unterscheidet sich nicht mehr vom Ignorieren des Kindeswillens überhaupt.

Wie kommt es eigentlich, dass es uns leichter fällt, diese Zusammenhänge im umgekehrten Fall anzuerkennen? Der umgekehrte Fall kann z. B. in folgender Konstellation bestehen: Ein sechsjähriges Kind lehnt den Umgang mit seinem Vater ab. Aus der Person und dem Verhalten des Vaters lassen sich keine Gründe für diese Ablehnung erkennen. Ein Gutachter versucht, über die folgende, in aktives Zuhören eingebettete Fragenstaffette (Spangenberg & Spangenberg 1994) den kindlichen Willen zu modifizieren:

1. Willst du lieber einen schlimmen oder einen „normal-lieben" Papa?
2. Was ist ein „normal-lieber" Papa? (Anstreben einer genauen Beschreibung; prüfen, welche emotionalen oder materiellen Ansprüche formuliert werden).
3. Wünschst du dir, dass dein Papa in der Zeit, in der du ihn nicht gesehen hast, ein bisschen „normal-lieb" geworden ist?
4. Hast du auch schon einmal Fehler gemacht, aus denen du gelernt hast? (Beispiele nennen lassen und darüber reden).
5. Bist du einverstanden, dass wir einmal probieren, ob der Papa „normal-lieb" (geworden) ist? (Anstreben eines „Probiertreffs" bzw. „Neugierkennenlernens").

Das Kind willigt ein. Es kommt zum Umgangskontakt.

Auch hier ist zunächst Beeinflussung zu konstatieren. Ihr Erfolg ist auch hier darauf zurückzuführen, dass der ursprüngliche Wille des Kindes gegen den Umgang instabil und wenig intensiv war, d. h. im präintentionalen Stadium. Evtl. lag sogar eine latente Bereitschaft zum Kontakt vor. Dies alles wird in diesem Falle viel eher akzeptiert. Trotz offenkundiger Beeinflussung wird die Willensbildung eher als eigene Aktivität anerkannt. Der Grund liegt darin, dass das Ergebnis, d. h. der praktizierte Umgang, in diesem Fall dem moralischen Impetus und dem rechtlichen Normativ entspricht (§ 1626 Abs. 3 BGB: Zum Wohl des Kindes gehört in der Regel der Umgang mit beiden Elternteilen). Die soziale Erwünschtheit eines Willensinhalts hat aber nichts zu tun mit den psychologischen Prozessen der Willensbildung und der Notwendigkeit, sie zu akzeptieren.

Fazit 1: Im Prozess der Induzierung und Verinnerlichung kann eine neue psychische Realität entstehen. Das Kind hat dazu aktiv beigetragen, indem es erlebte und erlittene Dissonanzen zwischen eigenen Wünschen und Einflüssen einer ja meist geliebten Person beseitigt, d. h. einen Ausweg gefunden hat. Dazu war auch nötig, sich mit den induzierten Inhalten auseinanderzusetzen.

Die neu entstandene psychische Realität als bloße Spiegelung fremder Einflüsse abzuwerten und gegen dahinter stehenden Kindeswillen zu entscheiden, kann das Kind in den Zustand zurück versetzen, aus dem es sich befreit hat, d. h. erneut zu Hilflosigkeit, Ohnmachtsgefühlen und Selbstwertlabilität führen. Unter juristischem Aspekt stellt dies einen Verstoß gegen die Persönlichkeitsrechte des Kindes dar. Das Brechen des so entstandenen Kindeswillens kann die konkrete, in der Gegenwart bestehende Gefährdung des Kindeswohls verkörpern, die z. B. gemäß § 1684 BGB als Voraussetzung des Umgangsausschlusses bei entschiedener Kontaktablehnung seitens des Kindes gilt.

Es ist deshalb oft vorschnell und einseitig, wenn – z. B. im Rahmen der PAS-Diskussion – behauptet wird, Kinder brauchten in solchen Fällen nicht Akzeptanz, z. B. ihres Willens, sondern Hilfe. Dies kann in Aktionismus mit verstelltem Blick auf das Kindeswohl münden.

Häufig entsteht überdies der Eindruck, es soll dem induzierenden Elternteil eine „Lehre“ erteilt werden oder dem benachteiligten Elternteil zu seinem Recht verholfen werden. Das wäre aber eine andere Form der missbräuchlichen Instrumentalisierung des Kindes. Und langfristig sind auch die Vorteile für die Eltern fraglich.

Bekannt ist einerseits, dass die Verhinderung von Kontakten des Kindes zum umgangsberechtigten Elternteil auf Dauer auch erhebliche Nachteile für den verhindernden Elternteil und seine Beziehung zum Kind haben kann – so wie überhaupt eine Elterntrennung nicht nur die Beziehung des Kindes zum umgangsberechtigten Elternteil verändert (Jopt 2002). Aus mehreren empirischen Studien resultiert, „dass sich der Koalitionsdruck der Mütter gegen sie selbst wendet", was sich auch in einer geringeren Verbundenheit des Kindes mit der Mutter zeigt (Walper & Gerhard 2003, 105). Beelmann & Schmidt-Denter (1991) fanden bei 6–11-Jährigen, die nach der Trennung der Eltern bei der Mutter lebten, dass bei den Kindern, die seltenen bzw. keinen Kontakt zum Vater hatten, im Vergleich zu den Kindern, die ihren Vater regelmäßig sahen, stärkere gefühlsmäßige Auseinandersetzung mit ihren Müttern stattfinden. Bei diesen heftigen emotionalen Auseinandersetzungen empfinden diese Kinder signifikant häufiger Abneigung und Feinseligkeit.

Andererseits ist in Bezug auf den umgangsbestrebten Elternteil das folgende Resümee von Wallerstein und Lewis (2001, 69; ausführlich Walterstein u. a. 2003, 193ff) aus einer 25-jährigen Längsschnittstudie mit Hunderten Stunden an Einzelgesprächen mit 130 Kindern, die am Ende der Studie erwachsen waren, interessant:

> „Besonders intensive Wut gegenüber ihren Vätern, die bis ins Erwachsenenalter anhielt, verspürten diejenigen Kinder aus unserer Stichprobe, die durch Gerichtsauflagen gezwungen waren, strikte Besuchsregelungen einzuhalten. Sofern es das erklärte Ziel des Gerichts war, mit Hilfe der Besuchsregelung eine engere Beziehung zwischen Vater und Kind zu fördern, so erwiesen sich gerichtlich verordnete Besuche, über die das Kind nicht mitbestimmen konnte, nicht nur als dafür völlig ungeeignet, sondern als regelrechter Bumerang. Kein einziges Kind, das seinen Vater im Rahmen einer rigide durchgesetzten Auflage des Gerichts oder einer entsprechend unflexiblen elterlichen Vereinbarung regelmäßig besucht hat, unterhielt als Erwachsener eine gute Beziehung zu ihm."

Jopt (2002) weist darauf hin, dass auch der getrennt lebende Elternteil im Rahmen seiner Umgangskontakte oft ungewollt dazu beiträgt, das Kind noch weiter unter Druck zu setzen. Er orientiert sich an früherer Harmonie und nimmt veränderte Beziehungen zum Kind nicht wahr. Die Ablehnung durch das Kind wird dann ausschließlich durch massive Beeinflussung erklärt. Auch wenn das zutreffen kann, „läuft diese Erklärung darauf hinaus, dem Kind seine Empfinden abzusprechen, so dass es sich folglich ‚nicht verstanden' und nicht ernst genommen fühlt, was ja auch stimmt. Auf diese Weise trägt jetzt jedoch auch der Umgangsberechtigte dazu bei, dass das Kind ihn (jetzt erst recht) meidet“ (Jopt 2002, 66). Die meisten Kinder wollen aber den Kontakt „wenn auch oft anders, als es Gerichten und Erwachsenen vorschwebt. Kinder wollen mehr Flexibilität und wollen viel stärker in das Ob, Wann und Wie einbezogen sein, die Situation stärker mitgestalten, statt von dieser beherrscht zu sein“ (Salgo 2005, 895).

So wird letztlich die Berücksichtigung des Kindeswillens zu einer Bedingungsgröße für die Qualität des Umgangs. Quintessenz der internationalen Forschung ist nun mal, dass nicht der Umgang selbst oder seine Häufigkeit, sondern seine Qualität das Entscheidende in Bezug auf das Kindswohl ist.

Fazit 2: Sowohl erzwungener Kontaktabbruch als auch gegen den Willen des Kindes erzwungene Umgangskontakte können die Beziehungen zum zwangausübenden Elternteil langfristig belasten.

Das Fazit musste insgesamt unbefriedigend ausfallen, weil es ein Dilemma beschreibt. Auf die nahe liegende Frage, was man nun konkret für das betreffende Kind tun kann, gibt es nur Antworten, die auch mögliche Gefahren für das Kindeswohl einschließen.

Die Erfordernisse von Risikoabwägung und Hypothesenbildung (vgl. Abschnitt 4.3) treten in den Vordergrund.

4.6 Die Diagnostik des Kindeswillens

4.6.1 Methodische Wege

Bei der Diagnostik des Kindeswillens kann ein direkter von einem indirekten Zugang unterschieden werden. Auf direktem Wege werden Informationen des Kindes selbst genutzt. Zum indirekten Vorgehen zählt, andere Personen zu befragen. § 12 FGG ist in diesem Sinne auch so auszulegen, dass das Gericht alle zur Feststellung des Kindeswillens erforderlichen Ermittlungen einzuleiten und geeignet erscheinende Beweise aufzunehmen hat. Dazu können die Anhörungen von Bezugspersonen und anderer Personen aus der Umgebung des Kindes sowie des Jugendamtes und des Verfahrenspflegers gehören.

In der Mehrzahl der Fälle ist es nicht sehr problematisch, den Kindeswillen auf direktem Weg zu erfahren, vorausgesetzt, er wird in angemessener Weise erkundet. Die meisten Kinder und Jugendlichen haben einen Prozess der Willensbildung soweit hinter sich, dass sie sich eindeutig artikulieren können über verbale Äußerungen und über Handeln, z. B. indem sie sich einem Elternteil entziehen. Gespräch und Beobachtung sind also die methodischen Zugänge. Testdiagnostik bleibt speziellen Settings durch Fachleute, z. B. im Rahmen der Begutachtung, vorbehalten. Allerdings sind standardisierte Instrumente nicht verfügbar.

Der häufigste Zugang wird über Gespräche gesucht und gefunden. Je nach professionellem Rahmen nehmen sie die Gestalt einer Anhörung nach § 50b FGG oder einer Exploration durch den Gutachter oder eben eines Interviews durch andere Beteiligte an. Folgende Hinweise sollten dabei beachtet werden.

Formale Ebene. (Arntzen 1994; Balloff 2004; Kluck 1995)

- Das Gespräch sollte mit dem Kind allein geführt werden, d. h. ohne Eltern oder Anwälte. Ausnahmen können sich aus folgenden Umständen ergeben: 1. Wenn das Kind die Anwesenheit einer dritten Person wünscht, sollten die Gründe überprüft und zweckfremde Einflussnahme beim Gespräch ausgeschlossen werden. 2. Wenn Besonderheiten im Verhalten und Erleben des Kindes wie extreme Verunsicherung, Angst, Fremdeln usw. den Gesprächszweck gefährden, sollte die Möglichkeit geprüft werden, ob Vertrauenspersonen oder ältere Geschwister anwesend sein dürfen. Verfügt diejenige Person, die ein Gespräch zu führen hat, über wenig Erfahrung in der Kommunikation mit Kindern, kann es sinnvoll und notwendig sein, einen erfahrenen Dritten, z. B. zu einer Anhörung, hinzuzuziehen.
- Befragungen von Kindern zum Kindeswillen können vor allem bei Äußerungshemmungen effektiver sein, wenn sie ohne Ankündigung in der Kindertagesstätte oder in der Schule erfolgen, statt in Begleitung eines Elternteils im Gericht oder beim Gutachter (allerdings ist Absprache mit den Eltern zu treffen).
- Auf altersgemäße Sprachführung und einfache kurze Sätze achten, „Kindertümelei“ dabei aber vermeiden.
- Nicht mehr als ein Gedanke pro Frage, also z. B. keine Doppelfragen.
- Bewusster Einsatz von Fragetypen: Das betrifft z. B. zu wissen, wann geschlossene Fragen (nur Ja oder Nein als Antwort möglich) besser geeignet sind und wann eher offene Fragen, d. h. die so ge-

nannten W-Fragen: Was? Wann? Wo? Wie? Warum? Letztere haben bei der Willenserkundung den Vorteil, dass sie differenzierte Antworten fördern, Antwortinhalte vertiefen können und deshalb Intentionen besser erkennen lassen. Zum bewussten Einsatz von Fragen gehört aber auch, Anstoßfragen, Vorhaltfragen und Suggestivfragen gezielt zu verwenden. Die Frage z. B., „Willst du den Papa lieber jede Woche ein paar Stunden oder alle drei Wochen ein ganzes Wochenende sehen?“ suggeriert den Kontaktwunsch. Die Garantie ist nicht gegeben, durch die Antwort des Kindes seinen Willen zu erfahren. Auch durch verbal oder nonverbal ausgedrückte Vorannahmen und Erwartungen können ungewollt Druck erzeugt und Gefälligkeitsantworten oder Ausweichreaktionen gefördert werden.

- Zeitlichen Druck vermeiden, dem Kind Zeit zum Überlegen und Abwägen lassen, d. h. kein ungeduldiges Drängen. Schweigen sollte ertragen werden.
- Gespräch in angemessener Umgebung führen, im Idealfall Spielzimmer; zumindest Spielzeug sollte zur Verfügung stehen, bei leicht ablenkbaren Kindern kann auch anreizärmere Raumgestaltung sinnvoll sein.
- Im Anfangsteil („Anwärmphase“) über neutrale Themen sprechen, wie z. B. Kita, Schule, Freunde, Hobbys, Interessen.
- Insofern die Bereitschaft eines Kindes dazu erreicht wird, kann auch über seine Ängste und Nöte gesprochen werden. Damit ist man nicht nur mitten in der Willensdiagnostik. Es ist auch ein Schritt dahin, das Kind als Gesamtpersönlichkeit bzw. als Individualität kennen zu lernen und nicht nur als anonymen „Willensträger“. Dies erweitert die diagnostische Basis.
- Zuweilen fördert es gerade bei Vorschulkindern die Bereitschaft zum Sprechen, wenn das Kind nebenher malen oder spielen kann.

Inhaltliche Ebene.

- Vorbereitung des Gesprächs, z. B. mittels Gesprächsleitfaden, bedeutet nicht nur inhaltliche Planung, sondern verringert die Belastung des Kindes durch Konzentration auf den Kern. Außerdem bringt Vorbereitung auch dem Befrager eine kognitive Entlastung während des Gesprächs. Es ist dann oft auch einfacher, trotz spontanem Wechsel der Thematik durch das Kind die eigenen Fragen wieder einzubringen. Zur Vorbereitung gehört auch die Bildung von Hypothesen (vgl. Abschnitt 4.3) z. B. zu möglichen Motiven des Kindes, Kontakte zu verweigern.

- Direktes Erfragen von Motiven und Willensinhalten bzw. Intentionen, z. B. mit Warum-Fragen, ist allenfalls angebracht, wenn das Kind Bereitschaft zeigt, darüber zu sprechen, vielleicht sogar signalisiert, dass es froh ist, dass es jemandem seine Meinung mitteilen kann, der das Kind ernst nimmt. Ansonsten sind eher indirekte Fragen effektiv, z. B. danach, was das Kind in bestimmten Situationen oder bei Erlebnissen (z. B. Übergabesituation, Urlaub mit einem Elternteil) gefühlt, gedacht, gewünscht hat, was es getan hat, was gestört hat oder angenehm war.
- Das Kind zur Willensbekundung motivieren, z. B. indem verdeutlicht wird, dass nicht andere über das Kind entscheiden sollten, sondern dass es eine eigene Meinung einbringen kann, d. h. Selbstwirksamkeitserwartungen ansprechen, Initiator-Status anbieten.

Beispiele: Ein 4;6-jähriges Mädchen äußert in Gesprächen beim Gutachter keine Willenstendenzen über seinen künftigen Lebensmittelpunkt, weiß aber, dass es bald entweder bei der Mutter oder beim Vater wohnen wird. Es wird ihm erklärt, dass demnächst eine fremde Person darüber entscheiden wird, ein Richter. In mehreren Stufen wird das Kind gefragt, ob es dem Richter vorher gern noch etwas sagen oder über seine Puppe etwas ausrichten lassen will. Sofern Willenstendenzen bestehen, werden sie dann sehr häufig geäußert.

Einem Kind wird zugestanden, dass es sich nicht im „Kampf" der Eltern entscheiden muss. Es werden mögliche Motive genannt oder wiederholt („Spiegeln"), z. B. dass es keinen Elternteil verletzen oder dass es in Ruhe gelassen werden will. Dann wird vorgeschlagen: Lass uns aber gemeinsam überlegen, wie wir es machen können, dass du am Ende zufrieden bist …

Strecker (2000) empfiehlt, den geheimnisvollen Reiz der Verfahrensakte zu nutzen mit den Worten: „Schau, das sind die Namen deiner Eltern, und da steht dein Name. Da haben deine Eltern – und vielleicht ihre Anwälte – geschrieben, wie sie die Sache sehen, und wenn du magst, kommt am Ende ein Zettel dazu, auf dem das drauf steht, was du selbst dazu meinst."

- Vom Kind geäußerte Willensinhalte nicht werten oder kritisieren.
- Das Kind sollte nicht in die Rolle eines Kampfrichters gedrängt und zum Vergeben von Noten für die Elternteile gedrängt werden. Dies kann sowohl Loyalitätskonflikte erzeugen oder verstärken als auch die Erzieherposition der Eltern schwächen.
- Die das Gespräch führende Person sollte an geeigneten Stellen eigenes Erleben mitteilen, z. B. die Unsicherheit über die beste Lö-

sung für das Kind, das Unbehagen darüber, dass man die Meinung des Kindes nicht kennt. Geeignete Gesprächstechnik ist dabei u. a. der Gebrauch von Ich-Botschaften (Schulz von Thun 2006).
- Verständnis für Gefühle und Konflikte des Kindes, z. B. für mögliche Ängste oder Leidensdruck im Elternstreit oder für den Widerwillen gegen die wiederholten Befragungen des Kindes, verbalisieren.
- Bei starken affektiven Reaktionen, z. B. Weinen, das Kind thematisch oder durch Spieltätigkeit ablenken, nicht den Affekt zum Thema machen, nicht Gefühle „ausreden".
- Inhaltliche Prüfkriterien beachten:

a) *Stadium der Willensbildung:* Dominieren die Indikatoren der präintentionalen Phase (Unbehagen, Leidensdruck, ungerichtete Veränderungswünsche, unreflektiertes Beharren) oder die Indikatoren der intentionalen Phase (Absichten, Vorsätze) in verbalen Äußerungen und Verhalten des Kindes? In Abschnitt 4.2.1. wurde auf einige eng mit Zielintentionen verbundene Faktoren eingegangen, die auch für die Diagnostik wichtig sind: Stärke der Bedürfnisspannungen (z. B. Trennungsängste), Attraktivität potentieller Endzustände, subjektive Realisierungswahrscheinlichkeit von Zielintentionen, Stärke der Kontrollüberzeugungen, Außendruck auf Entscheidung des Kindes, Fremderwartungen.

b) *Zielorientierung:* Äußert das Kind eigene Vorstellungen und Vorschläge z. B. dazu, bei welchem Elternteil künftig sein Lebensmittelpunkt sein soll (elterliche Sorge), oder zum Umfang und zur Gestaltung von Kontakten zu einem Elternteil (Umgang)? Enthalten solche Vorstellungen erkennbare Ziele bzw. Zielzustände? Werden unter verschiedenen Alternativen einzelne klar bevorzugt? Werden Absichten für das eigene Handeln abgeleitet? Wird über Wege und Mittel nachgedacht, die Absichten umzusetzen? Sind die Beurteilungen der Handlungsalternativen und -folgen hinreichend realistisch und zielrelevant? Oder gibt es Anzeichen für verfehlte Nutzenerwartungen, für mangelnde Schadensvoraussicht oder für illusionäre Realisierungserwartungen (s. oben)?

c) *Intensität:* Werden Zielorientierungen nachdrücklich, entschieden und beharrlich beibehalten, auch wenn Hindernisse und Widerstände,

z. B. Beeinflussungen, auftreten, auch wenn aktueller Ärger eine Beziehung erschüttert oder Konflikte eskalieren, auch wenn verlockende Versprechungen durch nicht präferierte Personen gemacht werden?

d) *Stabilität:* Waren die geäußerten Willensinhalte instabil und wechselnd oder über eine angemessene Zeitdauer hinweg gleich bleibend? Wurden sie auch gegenüber verschiedenen Personen und in unterschiedlichen Situationen beibehalten? Unter welchen Bedingungen und wem gegenüber hat das Kind Aussagen zum eigenen Willen gemacht und verändert? Zuweilen ist sinnvoll, eine entsprechende Aussagengeschichte zu erheben. Damit wird der Tatsache Rechnung getragen, dass die kindliche Willensbildung ein Prozess ist, in dem sich je nach Veränderungsdruck aus familären oder psychischen Bedingungen stabile und instabile Phasen abwechseln können. Zur Diagnostik gehört dann z. B. festzustellen, ob durch Überhärte oder Vernachlässigung emotional dauerfrustrierte Kinder zunächst ihren Willen nur schwer identifizieren und ausdrücken konnten, dies aber bei Unterstützung durch empathische Bezugspersonen gelernt haben und zunehmend tun.

Damit wird aber auch der Tatsache Rechnung getragen, dass die Zielintentionen selbst wechseln können. Der kindliche Wille kann zunächst darauf zielen, unter Zurückstellung eigener Beziehungswünsche „Ruhe" haben zu *wollen*, d. h. Schutz vor elterlichem Streit zu erreichen. Er kann sich dann aber umorientieren auf die ursprünglichen oder neu erwachten Beziehungswünsche, die als attraktiv und berechtigt erkannt werden. Wenn dies ein Prozess von Jahren ist, kann nicht von Instabilität die Rede sein. Wenn Kontaktverweigerungen von Kindern im Umgangsstreit der Eltern Rechnung getragen wird, erhoffen oder befürchten Beteiligte oft diesen langfristigen Wechsel.

e) *Autonomie:* Sind die Zielorientierungen des Kindes in hinreichendem Maße Ausdruck von Selbstfindung bzw. Selbstwerdung? Stimmen sie hinreichend mit vorhandenen Einstellungen und Bindungen überein?

Verschiedentlich wird empfohlen, die zu erwartende Überwindbarkeit des kindlichen Widerstandes gegen Umgang zum Maßstab dafür zu machen, ob man den Kindeswillen akzeptiert oder nicht. So heißt es z. B.: „Ein entgegenstehender Wille des Kindes kann nur dann ausnahmsweise den Ausschluss des Umgangsrechts rechtfertigen, wenn nicht zu erwarten ist, dass der Widerstand des Kindes überwunden werden kann“ (OLG Brandenburg, Beschl. vom 03. 02. 2003 – 9 UF 171/02, Jugendamt 5/2003, 261). Dies ist zwar ein einseitiger Maßstab. Es wird nicht gefragt, was überwundener Widerstand oder gebrochener Wille für Folgen haben kann. Sinnvoll sind aber Erwägungen zur Prognose über den zu erwartenden Widerstand. Wenn man nach Prognosekriterien sucht, können die oben genannten inhaltlichen Diagnosekriterien a) bis e) eine Hilfe sein.

4.6.2 Komplikationen und Gefahren

Bei der Diagnostik des Kindeswillens sind vor allem zwei Konstellationen problematisch:

(1) Das Kind äußert keinen Willen.
(2) Der geäußerte Kindeswille entspricht ganz offensichtlich nicht den „wirklichen“ Intentionen.

Zu (1): Das Kind äußert keinen Willen. Mögliche Gründe dafür sind:

- Das Kind kann sich nicht entscheiden: Es befindet sich noch in der präintentionalen Phase oder Willensbildung. Gerade kleinere Kinder beharren oft auf der Wunschvorstellung, dass die Eltern zusammen bleiben und verweigern die Vorstellung, bei einem Elternteil zu leben. Die Frage nach Alternativen und gar der bevorzugten Alternative ist nicht ihre Frage, sondern die interessierter Erwachsener (Figdor 1998).
- Das Kind will sich nicht entscheiden: Die Verantwortung für die Lösung eines Problems, das Erwachsene geschaffen haben, wird abgelehnt. Das geschieht zuweilen, wenn auch seltener, aus Desinteresse. Häufiger stellt die Verweigerung eine Variante des Selbstschutzes dar vor Stress oder Schuldgefühlen oder Verlust. Es wird erwartet, dass solche Folgen in jedem Falle eintreten, gleich wie sich das Kind entscheidet – ein Dilemma also, das gemieden wird. Noch häufiger wird die Entscheidung gemieden, um Bezugspersonen, meist beide Elternteile, vor Nachteilen bzw. Verletzungen zu schützen. Auch hier wird einem Dilemma ausgewichen.

- Das Kind hat sich entschieden, äußert aber keinen Willen, sondern verbirgt ihn, indem es schweigt oder vorgibt, sich nicht entscheiden zu können oder zu wollen. Meist stehen hier die gleichen Gründe dahinter, die genannt wurden für Kinder, die sich nicht entscheiden wollen. Hinzu kommt zuweilen Angst vor einem Erwachsenen, der sich benachteiligt fühlen könnte. Oder es wird befürchtet, durch eigene Äußerungen negative Folgen für die Eltern zu erzeugen, z. B. Abwertung durch Instanzen oder gar Sanktionen. Zuweilen tragen Eltern oder andere Bezugspersonen auch durch Trauer oder Tränen, durch demonstrative oder indirekt drohende Verhaltensweisen dazu bei.

Komplikativ sind diese Konstellationen, weil sie uns selbst vor ein Dilemma stellen. Einerseits sollte akzeptiert werden, wenn sich Kinder nicht entscheiden können oder wollen oder ihre Willenstendenzen für sich behalten wollen. Soweit es um Nichtentscheiden-Wollen geht, handelt es sich schließlich auch um eine Variante des Kindeswillens. Andererseits kann es falsch und langfristig zum Nachteil des Kindes sein, vorschnell auf ein so wichtiges Entscheidungskriterium wie den Kindeswillen zu verzichten. Je nach Konstellation des Einzelfalles sollte deshalb geprüft werden:

- Welche sonstigen Verhaltensweisen, z. B. Bindungsverhalten, nonverbales Verhalten bei Übergabesituationen, ermöglichen Rückschlüsse auf den Kindeswillen? Sie können sich aus eigener Beobachtung oder aus objektiv zu bewertenden Mitteilungen anderer Personen erschließen.
- Sollte psychologische Kompetenz angefordert werden, um statt verbaler Willenserkundung die Ebene projektiver Diagnostik über Spielen bzw. spielerische Exploration, z. B. mit Hilfe von Spieltelefonen, oder projektiver Verfahren zu nutzen?
- Ist es Hilfe oder Überforderung eines Kindes, wenn man den Prozess des Übergangs von der präintentionalen zur intentionalen Phase der Willensbildung fördert? Diffuse Unzufriedenheit und verdrängte Wunschtendenzen bewusst zu machen und in Zielintentionen zu überführen, ist oft gut möglich, z. B. mit Hilfe der Gesprächstechnik „Aktives Zuhören" (Ulrich 2000; Schulz von Thun 2006).

Als Vorteile sind bei kompetenter Anwendung einerseits zu erwarten, dass sich das Kind in jedem Stadium der Willensbildung akzeptiert fühlt, emotional entlastet wird und offener spricht, andererseits aber vor allem, dass dem Kind beim „Spiegeln“ seiner Äußerungen und nach vertiefenden Fragen oft etwas bewusst wird, was bisher nicht reflektiert wurde, z. B. verdrängte Wünsche. Es ist bei differenzierter Führung eines Gesprächs über den Kindeswillen auch nicht auszuschließen, dass Loyalitätskonflikte oder Verlustängste aktualisiert oder verstärkt werden. Ebenso kann aber die Intervention vom Kind als Befreiung aus dem Konflikt erlebt werden. Eine mögliche Folge ist, dass der Prozess der Willensbildung aktiviert wird. Damit kann auch eine zeitlich begrenzte Labilisierung des Kindeswillens einhergehen. Der Befrager ist deshalb – beim „Aktiven Zuhören“ und überhaupt – zu permanenter Metakognition bzw. Selbstprüfung und Aufmerksamkeit gezwungen.

Häufig werden Kinder unterschätzt und dadurch mögliche Hilfen unterlassen. Einem altersgerecht entwickelten fünfjährigen Kind kann z. B. zugetraut werden, folgender Argumentation zu folgen, wenn sie kindgemäß z. B. vom Gutachter oder Verfahrenspfleger vorgebracht wird: Der Richter wird entscheiden. Dann müssen alle machen, was der Richter bestimmt hat. Wenn du könntest, würdest du vorher dem Richter noch etwas sagen wollen?

Zu (2): Der geäußerte Wille entspricht nicht dem wirklichen Willen. Mögliche Gründe dafür sind vor allem:

Verbale Einschüchterung durch eine Bezugsperson, die meist bei kleineren Kindern Angst erzeugen kann, oder induzierte Meinungen und Einstellungen. Soweit es um induzierten Kindeswillen geht, ist die Phase der äußeren Anpassung relevant (s. oben). Erkennbar kann das werden am Zitieren des Induzierenden („und Papa hat Mama auch nie die Einkaufstasche getragen“) oder der Akten („Mama war mehrmals alkoholrückfällig“), ferner durch Gefälligkeitsverhalten dem Induzierenden gegenüber (Zustimmung bei Abwerten des anderen Elternteils, Vermeiden von Blickkontakt mit dem umgangsberechtigten Elternteil in Übergabesituationen, solange der betreuende Elternteil anwesend ist). Hier wird wiederum deutlich, dass der alleinige Bezug auf verbale Äußerungen des Kindes den Kindeswillen ungenügend abbildet.

Ausdrücklich zu betonen ist aber, dass damit lediglich mögliche

Komplikationen bei der Diagnostik des Kindeswillens genannt werden sollen. Die Annahme, dass Kinder die Antwort geben, die der insistierend Fragende hören will, um lästige Fragerei loszuwerden (Klenner 2006), beschreibt eine Variante unter vielen. Sie zu generalisieren, weist auf ein Bild vom Kind als passives, fremdbestimmtes Wesen, als bloßes Objekt von Beziehungen, d. h. auf ein Defizitmodell vom Kind hin.

4.7 Der Umgang mit dem Kindeswillen

Differenziert und Kindeswohl dienlich mit dem Kindeswillen umzugehen heißt zunächst, folgende Ebenen zu unterscheiden: 1. Kenntnisnahme, 2. Prüfung, 3. Berücksichtigung, 4. Nachsorge.

Kenntnisnahme des Kindeswillens ist Voraussetzung dafür, die folgenden Ebenen überhaupt erst erreichen zu können. Der Kindeswille sollte deshalb immer zur Kenntnis genommen werden, weil sonst gar nicht festgestellt werden kann, ob er bedeutsam ist. Insofern ist § 50b Abs. 1 FGG eine „seltsame Schleife“, weil die Anhörung des Kindes dann vorgeschrieben ist, wenn der Wille des Kindes „für die Entscheidung von Bedeutung“ ist. Das kann aber oft erst dadurch festgestellt werden, dass man Inhalt und Merkmale des Kindeswillens zur Kenntnis genommen hat. Den Kindeswillen nicht festzustellen bedeutet, die Hypothesen für die Lösung anderer Probleme einzuengen. Das Gewicht anderer Kindeswohlkriterien ist oft nur in Relation zum Kindeswillen festzustellen. Auffälligkeiten im Kindeswillen, wie z. B. grobe Diskrepanz zu Bindungen oder zu bekannten Lebensbedingungen, können diagnostischen Wert für andere Beurteilungskriterien haben, z. B. die Erziehungskompetenzen von Bezugspersonen.

Die Prüfung des Kindeswillens kann erfolgen in Bezug auf seine psychologische Qualität und in Bezug auf seine rechtliche Beachtlichkeit im Rahmen der gesetzlichen Rahmenbedingungen. Sowohl psychologische als auch juristische Kompetenz ist also notwendig.

Die Berücksichtigung des Kindeswillens hängt im Kern davon ab, in welchem Verhältnis er zum Kindeswohl und zu anderen Kindeswohlkriterien steht. Eine formelle Entscheidungskompetenz des Kindes besteht nicht – zu seinem Schutz. Aber auch die begründete Nichtberücksichtigung des Kindeswillens kann Schutzbedarf erzeugen. Soll der Kindeswille akzeptiert werden, kann es auch notwendig sein, das Kind bei seinen Bemühungen zu unterstützen, die eigenen Intentionen einzubringen und umzusetzen.

Die *Nachsorge* ist ein Anspruch von ethischem Rang vor allem dann, wenn im Interesse des Kindes gegen seinen Willen empfohlen oder entschieden wird. Je nach Alter des Kindes und seinen sozialkognitiven Kompetenzen müssen Wege gefunden werden, die Entscheidung gegen seinen Willen dem Kind zu erklären und zu begründen. Wird das vernachlässigt, können alle jene Merkmale eintreten, die als Folge der Manipulation kindlichen Willens beschrieben wurden, wie z. B. Labilisierung von Selbstwirksamkeitserwartung und Selbstvertrauen, Verlust von Orientierung und Handlungsfähigkeit.

Aber auch, wenn entsprechend dem Willen des Kindes empfohlen oder entschieden wurde, kann Nachsorge angebracht sein. Zuweilen begründen Kinder ihren Willen mit Fakten, die das Verhalten eines Elternteils oder beider Eltern wenig vorteilhaft erscheinen lassen. Dies wird vom Richter oder vom Sachverständigen den Eltern mündlich oder schriftlich zur Kenntnis gegeben. Es kann im Interesse des Kindes liegen, hier die Eltern entsprechend vorzubereiten und unangemessenen elterlichen Reaktionen dem Kind gegenüber vorzubeugen.

Dass die angemessene Nachsorge in Bezug auf den Kindeswillen durchaus zu einem praktischen Problem werden kann, zeigt die Diskussion um die Frage, wie der Verfahrenspfleger bzw. -beistand seine Tätigkeit im konkreten Fall beenden soll. Die Gerichte wollten ein Abschlussgespräch mit einem Kind nur bei Vorliegen besonderer Umstände vergüten. Selbstverständlich sollte aber sein, dass ein Verfahrenspfleger seine Tätigkeit kindgemäß nachbereitet und abschließt (vgl. Menne 2006).

Ein weiterer wichtiger Aspekt der Nachsorge ist, dass eine familiengerichtliche Entscheidung auf einen bestimmten Zeitpunkt bezogen ist und vom Kindeswillen zu diesem Zeitpunkt ausgeht. Die kindliche Entwicklung schreitet aber fort, auch im Bereich der Bedürfnisse und der Willensbildung. Die ursprüngliche Grundlage für eine Entscheidung kann sich verändern. Wallerstein und Lewis (2001, 72) stellen folgenden Vergleich an: „Es ist, als würde man ein Kind von zwölf Jahren dazu zwingen, Schuhe eines Sechsjährigen zu tragen, um dann, wenn es sich beklagt, daß die Schuhe drücken, oder weint, weil es anfängt zu humpeln und schließlich gar nicht mehr laufen kann, alle seine Einwände beiseite zu schieben und fanatisch auf dem Recht der Eltern zu bestehen, die Schuhe ihrer Kinder auszusuchen.“

Aber wer ist für solche Art Nachsorge zuständig? In systematischer Form sicher niemand. Zumindest sollten auch von Gerichten oder Jugendämtern Änderungswünsche von Elternteilen oder Kindern zu einer früheren Entscheidung unter diesem Aspekt geprüft werden.

Zusammenfassung: Der Wille des Kindes wird als besonders problematische Eingangsgröße bei der Bewertung des Kindeswohls bezüglich seiner normativen Grundlagen und seiner psychologischen Aspekte behandelt. Es wird eine präintentionale und eine intentionale Phase der kindlichen Willensbildung unterschieden. Als Mindestanforderungen für das Vorliegen eines kindlichen Willens werden Zielorientierung, Intensität, Stabilität und Autonomie erörtert. Mit Bezug auf eine Vielfalt entwicklungspsychologischer Forschungsergebnisse wird vom Entwicklungsstand dreijähriger Kinder ab der Kindeswille als familienrechtlich bedeutsam eingeschätzt.

Nach einer Analyse des grundsätzlichen Verhältnisses von Kindeswille und Kindeswohl werden die zwei hauptsächlichen Konfliktkonstellationen zwischen beiden ausführlich dargestellt: der selbst gefährdende Kindeswille und der induzierte Kindeswille. Die entsprechende Beurteilung von Gefährdungen des Kindeswohls wird als Risikoabwägung diskutiert. Abschließend werden Schlussfolgerungen auf die Diagnostik des Kindeswillens und den sinnvollen Umgang mit ihm gezogen.

5 Kindeswille und Extremkonflikte – Parental Alienation Syndrom (PAS) als Sonderfall und Streitobjekt

5.1 Was ist PAS?

Die in Kap. 4 formulierten Thesen lassen sich besonders gut überprüfen und weiter differenzieren, wenn sie angewandt werden auf extreme Ausprägungen des geschilderten Konflikts zwischen Kindeswillen und Loyalitätsdruck eines Elternteils sowie auf besonders drastische innere Konflikte der betroffenen Kinder.

Eine spezielle Problematik, in der sich all die diskutierten Sachverhalte zum Kindeswillen fokussieren, ist das so genannte Parental Alienation Syndrom. Es eignet sich deshalb zur Vertiefung. Der US-amerikanische Kinderpsychiater Gardner prägte 1985 diesen Begriff. Er fand zunächst weite Verbreitung. Auch in Deutschland entbrannte nach den ersten Publikationen von Kodjoe und Koeppel (1998a) eine lebhaft-feindselige Diskussion, die das Phänomen auf jeden Fall bekannt machte. In der Geschwindigkeit dieses Prozesses lag die Gefahr vorschneller Schlüsse und Glaubensbekenntnisse einschließlich eines fragwürdigen Aktivismus in den Interventionsvorstellungen.

Allerdings wurden sehr bald auch grundsätzliche Bedenken geäußert und die Entbehrlichkeit des Konzepts begründet (Lehmkuhl & Lehmkuhl 1999; Stadler & Salzgeber 1999; Rexilius 1999; zuletzt Rohmann 2005). Inzwischen ist – wie in den USA – eine differenzierte Sicht und auch Ernüchterung eingetreten. Dazu haben sowohl die deutsche Übersetzung von Gardner (2002) wie auch fundamentalkritische Arbeiten beigetragen, z. B. der US-amerikanischen Autorin Bruch (2002), die von einem „PAS-Debakel" spricht und dem Konzept sowohl eine logisch konsistente wie auch eine stabile empirische Basis sowie eine wissenschaftliche Grundlage abspricht.

Die unkritische Rezeption des PAS-Konzepts geht meist einher mit pauschalen Abwertungen kritischer Stimmen zum PAS. So hat Büte (2002) festgestellt, dass die recht differenzierte Analyse von Bruch (2006) eine haltlose, durch Verteilungskämpfe auf dem US-amerikanischen Gutachtermarkt zu erklärende Kritik sei.

Definition. PAS wird nach Gardner (1992) als Ergebnis massiver Manipulation oder „Programmierung“ eines Kindes durch einen Elternteil verstanden. Das Kind spaltet seine Eltern auf. Der geliebte, als gut wahrgenommene Elternteil, steht auf der einen Seite, und ihm wendet sich das Kind in schwer nachvollziehbarer und kompromissloser Art zu. Auf der anderen Seite steht der heftig negativ bewertete Elternteil, von dem sich das Kind in ebenso schwer nachvollziehbarer, weil objektiv nicht begründbarer Feindseligkeit abwendet. Sowohl das manipulierende Verhalten eines Elternteils wie das nachfolgende polarisierende Verhalten des Kindes bilden das Syndrom. Die Manipulation durch den betreuenden Elternteil gilt als notwendige, aber nicht hinreichende Voraussetzung für das Verhalten des Kindes. Bestandteil des Prozesses ist, dass ihn das Kind zunehmend mitträgt und selbst Abwertungen und Vorwürfe gegen den abgelehnten Elternteil entwickelt und einbringt.

Entstehung. Exzessive Konflikte im Trennungsverlauf motivieren den betreuenden Elternteil, z. B. aus Rache, Verlustängsten oder falschen Schutztendenzen heraus, das Kind teils unbewusst, teils bewusst so zu beeinflussen, dass es die negative Haltung zum anderen Elternteil übernimmt und diesen ablehnt. Die Zuneigung und Liebe des Kindes werden exklusiv beansprucht. Das Kind modifiziert allmählich seine Bewertungen der Elternteile. Es übernimmt nicht nur die Abwertungen des abwesenden Elternteils, sondern fügt eigene Argumente, Gründe und Beispiele hinzu – je nach sozialkognitivem Entwicklungsstand. Es wird darin bestärkt durch belohnendes Verhalten des betreuenden Elternteils und dessen Freunde und Angehörige. Koalitionen bilden sich.

Zum intensiv affektbesetzten und kognitiv erstarrten Agieren des manipulierenden Elternteils gehört, dass – anders als beim „normalen“ Trennungsverlauf – die Sicht auf den anderen Elternteil unvermindert von Wut und Ärger verstellt und durch einseitige Schuldprojektionen bestimmt bleibt. Es findet keine Entwicklung hin zu einer entspannten und realistischeren Darstellung des anderen Elternteils – auch dem Kind gegenüber – statt. Somit gelingt auch nicht, mehr Distanz zu den eigenen Bedürfnissen, Verlustängsten und Rachetendenzen zu gewinnen. Die Gefahr, das Kind zu instrumentalisieren und in seiner Entwicklung zu beeinträchtigen, wird nicht erkannt oder hingenommen. Entsprechende Hinweise von Fachleuten werden meist aggressiv abgewehrt. Die Fachleute selbst werden dann regelmäßig abgewertet, für befangen oder unfähig erklärt.

Phänomenologie des kindlichen Verhaltens. Als typisch hat Gardner (1992) acht „Kardinalsymptome" unterschieden:

- Herabsetzungskampagnen, d. h., der abgelehnte Elternteil wird als bösartig, hinterhältig oder gefährlich verunglimpft.
- Absurde Rationalisierungen der Vorwürfe, z. B. ist der Vater böse, denn er hat schon früher der Mutter nicht die Tasche getragen. Oder ein Kind kolportiert: „Wir müssen uns einen neuen Papa suchen, der nicht raucht. Das macht krank."
- Fehlende Ambivalenz, d. h., es gibt keine Zwischentöne. Alles Gute liegt beim betreuenden Elternteil. Angenehme Erinnerungen an den anderen Elternteil werden nicht zugelassen.
- Die Betonung der eigenen Meinung wird eingesetzt, um sich selbst und andere zu überzeugen, und sei es, indem stereotyp hinzugefügt wird: „Ich weiß es genau."
- Die reflexartige, ungeprüfte Parteinahme für den betreuenden Elternteil („Mama hat sich schon früher mehr um mich gekümmert, und bei Papa gibts nur Tütensuppen").
- Ausdehnung der Feindseligkeit auf Angehörige des abgelehnten Elternteils, d. h., dessen Mutter oder neue Freundin wird auch verunglimpft.
- Fehlende Schuldgefühle, d. h., die eigene Feindseligkeit wird gerechtfertigt und schließt nicht aus, dass Geschenke oder Geld gefordert und ihr Ausbleiben heftig beklagt werden.
- „Geborgte" Szenarien sind Redewendungen, die von der manipulierenden Person übernommen werden, ohne verstanden worden zu sein („wir halten das nicht mehr aus", sagt eine Vierjährige, kann aber nicht sagen, was).

Es müssen nicht alle Symptome vorliegen. Offen ist auch, wie viele vorliegen müssen, weshalb die Diagnose PAS auf dieser Grundlage nicht möglich ist. Trotzdem werden in Abhängigkeit von der Anzahl der Symptome von Gardner drei Schweregrade unterschieden und mit therapeutischen und rechtlichen Interventionsarten verknüpft.

5.2 Was bringt PAS?

Es ist unschwer erkennbar, dass die bereits in Abschnitt 4.5. geschilderten Konstellationen beim induzierten Willen den Grundsachverhalt des sog. PAS darstellen. Es geht um die Steigerung eines altbekannten Dilemmas von Kindern im Spannungsfeld zerstrittener Erwachsener. Es wurde eindrucksvoll von Ell (1990) als Gegensatz von Überidentifizierung mit einem und Überdistanzierung vom anderen Elternteil geschildert. Arntzen (1994) spricht von Gegeneinstellung, Lempp (1983) von „identifikatorischer Übernahme von Elternargumenten". Der Neuheitsanspruch des Konzepts ist insofern unbegründet. Den Vätern oder Müttern, die eine Entfremdung des Kindes erleiden mussten, ist durch die Nutzung eines attraktiv anmutenden Etiketts nicht besser gedient.

Es wird ein Extremzustand nuanciert beschrieben. Nur sind leider problematische Ansprüche und fragwürdige Schlussfolgerungen auch in der deutschen Rezeption damit verbunden. Sie weisen die Forcierung des PAS als eine Extremposition im Hin und Her zwischen verschiedenen Kindeswohlaspekten, aber auch zwischen Elternrecht und Kindeswohl aus. Das Konzept birgt – wie radikale Positionen meist – Einseitigkeiten und Gefahren:

- Es besteht die Gefahr, beteiligte Erwachsene als erziehungsungeeignet oder in Rückgriff auf das Schuldkonzept als Täter zu etikettieren (Salzgeber & Stadler 1998; Rexilius 1999). Häufig wird der entfremdende Elternteil pathologisiert, bei Gardner (2002) am häufigsten als „paranoid" und „Psychopath" sowie in seinem Verhalten einem Sektenführer ähnlich. Der Prozesscharakter des familiären Konfliktgeschehens wird ungenügend berücksichtigt.
- Es besteht die Gefahr, dass die Willensbildung des Kindes vorschnell entwertet oder gar pathologisiert wird (Rexilius 1999; Salzgeber & Stadler 1998).
- Die undifferenzierten Empfehlungen für familienrechtliche Reaktionen offenbaren einseitige Auffassungen von der Kindeswohlgefährdung. Aber auch unangemessene Annahmen zum Erleben und Verhalten von Trennungskindern (Rexilius 1999; Salzgeber u. a. 1999; Salzgeber 2005). Die Folge sind Interventionsempfehlungen, die selbst eine Kindeswohlgefährdung darstellen können (Bruch 2002).

- Ungenügende theoretische und empirische Fundierung des Ansatzes sowie die mangelnde Trennschärfe der Syndrombeschreibung stehen im krassen Widerspruch zu den pauschalisierenden und hochgesteckten Ansprüchen in Diagnostik und Intervention (Bruch 2002; Dettenborn 2003; Salzgeber 2003, 2005). Die Nutzung als gesichertes Diagnosekriterium im Sinne gebräuchlicher internationaler Klassifikationen psychischer Störungen, z. B. im ICD-10-System (International Classification of Diseases, vgl. Dilling u. a. 1993), ist nicht gerechtfertigt und in den USA in DSM-IV-System auch nicht erfolgt (Bruch 2002).

Im Weiteren soll – dem Gegenstand dieser Abhandlung folgend – vor allem auf Aspekte des Kindeswillens und des Kindeswohls eingegangen werden, um dann Schlussfolgerungen auf mögliche Maßnahmen zu ziehen.

5.3 Der Eigenanteil des Kindes

Meist wird der immerhin von Gardner (1992) gesetzte Akzent, dass Kinder einen eigenen Beitrag zur Verunglimpfung des abgelehnten Elternteils einbringen, vernachlässigt. Will man den *Eigenanteil des Kindes* diskutieren, so muss *das auf zwei Ebenen* geschehen. Die erste Ebene sind psychische *Anpassungs- oder Bewältigungsprozesse*. Die zweite Ebene betrifft die *Willensbildung* des Kindes.

5.3.1 Bewältigungsprozesse

Die Allianzbildung des Kindes mit einem Elternteil und die rigorose, nicht nachvollziehbare, feindselige Abwendung vom anderen Elternteil können auch eine sinnvolle Strategie der Stressbewältigung durch das Kind sein. Und zwar nicht nur in dem engen Sinne von Gardner (1992), dass das Kind vermeiden wolle, einen Elternteil zu enttäuschen und ihn mangels Loyalität auch noch zu verlieren. Aus dem Repertoire psychologischer Theorien stehen mehrere Möglichkeiten differenzierterer Erklärung zur Verfügung. Zu unterscheiden sind dabei Theorieansätze zur Stressbewältigung im engeren Sinne und allgemeinere Theorien, die ebenfalls geeignet sind, kindliche Stressbewältigung zu erklären.

Zunächst zu den *speziellen Theorieansätzen zur Stressbewältigung:* Bemühen um Bewältigung, auch als Coping bezeichnet (Lazarus & Launier 1981), meint die verhaltensorientierten und intrapsychischen Anstrengungen, mit umweltbedingten und internen Anforderungen fertig zu werden. Als Varianten gelten dabei, die Anforderungen zu meistern oder zu tolerieren oder zu reduzieren bzw. zu minimieren. Im Rahmen des in Kapitel 2.2. behandelten transaktionalen Modells steht die Unterscheidung zwischen problemzentriertem (instrumentellem) und emotionszentriertem (palliativem) Coping im Mittelpunkt (Folkman & Lazarus 1980). *Problemzentriertes* Coping zielt darauf ab, die Situationsbedingungen zu verändern. Das kann auf die Umwelt bezogen sein oder auf die eigene Person. *Emotionszentriertes Coping* bezieht sich darauf, eigene Gefühle, die sich aus Bewertungen der Situation ergeben, zu verändern und zu kontrollieren. Meist geht es um negative Gefühle wie Angst, Wut, Hilflosigkeit und Ohnmacht. Sie werden reduziert, indem die Bedeutung bestimmter Sachverhalte anders bewertet und die Aufmerksamkeit für Fakten neu verteilt wird.

Auf die PAS-Problematik angewandte Forschungen fehlen. Eine klare Zuordnung von Copingstrategien auf das Verhalten und Erleben von sog. PAS-Kindern ist schwierig. Eindeutig ist lediglich der formale Aspekt, dass Bewältigungsstrategien mit Fortschreiten des sog. PAS immer weniger flexibel-situationsspezifisches Verhalten, sondern eine zunehmend starre Reaktionsweise sind. Ob aber das polarisierende Verhalten des Kindes mehr als problemzentriertes Coping im Sinne der aktiven Hinwendung zum betreuenden Elternteil oder mehr als emotionszentriertes Coping im Sinne der veränderten Gefühle dem anderen Elternteil gegenüber bewertet wird, ist ohne Belang. Mehr noch: beide Bewältigungsstrategien finden sich in Bezug auf beide Elternteile. Zuwendung kann ebenso wie Abwendung von einem Elternteil problemzentriert sein. Emotionszentriertes Coping kann das Verhalten und Erleben gegenüber beiden Elternteilen – wenn auch inhaltlich konträr – ausrichten. Beispiele sind die vernunftbezogenen Erklärungen der eigenen polarisierenden Verhaltensweisen des Kindes gegenüber beiden Elternteilen (Intellektualisierung), die Informationsselektion beim Urteil über die früheren und jetzigen Verhaltensweisen beider Elternteile, die absurden Rationalisierungen für Zuwendung zum einen Elternteil (ungeprüfte Parteinahme) und die rigorose Abwendung vom anderen Elternteil.

Die spezifischen Theorieansätze zur Bewältigung sind vorwiegend beschreibend. Die Frage nach den Ursachen von Erleben und Verhalten des Kindes wird unbefriedigend beantwortet.

Allgemeine psychologische Theorien, meist aus der Sozialpsychologie oder der Kognitionspsychologie, bringen eher Hinweise darauf, welcher Gewinn, welche Vorteile die PAS-typischen Verhaltensweisen dem Kind bringen, welche kindlichen Bedürfnisse damit erfüllt werden. Eine dieser Theorien wurde von Jopt und Behrend (2000b) favorisiert, die Theorie zur kognitiven Dissonanz nach Festinger (1957). Dazu unterscheiden Jopt und Behrend (2000b) zwei Phasen der PAS-Entstehung. Die erste Phase, die Instrumentalisierung, sieht den betreuenden Elternteil als Akteur, der seine Erwartungshaltung in verantwortungsloser Weise implantiert. Das Kind fügt sich. Die zweite Phase, die Syndromstabilisierung, sieht die Dissonanzreduktion im Mittelpunkt. Das Kind beseitigt die Diskrepanz zwischen bisherigen eigenen Einstellungen und dem geforderten Negativbild bzw. bereits praktizierten Ablehnungsverhalten, in dem das Negativbild des abzulehnenden Elternteils ausgebaut wird. Positive Erinnerungen werden verdrängt, Empathie wird vermieden. Selbstverstärkung folgt, weil das Ablehnen von Kontakten als entlastend erlebt wird.

Die Orientierung auf die kognitive Dissonanzreduktion und die dazugehörige Theorie ist eine Möglichkeit. Die Ausschließlichkeit dieser Orientierung ist inhaltlich nicht begründet. Weitere Möglichkeiten werden im Folgenden aufgezeigt.

Komplexitätsreduktion. Nicht minder geeignet ist z. B. die Theorie der kognitiven Komplexität (Schroder u. a. 1975). Der Eigenbeitrag von sog. PAS-Kindern wäre darin begründet, dass in der PAS-Konstellation die Umgebungskomplexität durch Konfliktanhäufung erheblich gestiegen ist. Damit wird ein Vereinfachungsdruck erzeugt. Je stärker die Diskrepanz zwischen Umgebungskomplexität und interner Komplexität des Kindes ist, desto größer ist die Wahrscheinlichkeit der Übervereinfachung (Dettenborn & Boehnke 1994). Das Kind reduziert z. B. die Komplexität der am PAS-Geschehen beteiligten Personen, indem es sich mit der Koalition der Angehörigen des betreuenden Elternteils identifiziert und alle Angehörigen des abzulehnenden Elternteils als gegnerische Koalition versteht und diese als Ganzes verunglimpft.

Es geht um einen Grundsachverhalt mentaler Organisation, um eine Reaktion auf die begrenzte (sozial)kognitive Kapazität. Zu den Funktionen gehört, Entscheidungen durch Invariantenbildung zu erleichtern, z. B. durch feststehende Gut-Böse-Schemata in Bezug auf die Eltern, ferner die Handlungsfähigkeit zu sichern durch kognitive und emotionale Entlastung. D. h., es sind auch Tendenzen zur Minderung kognitiven Aufwands (Reason 1994) bzw. zur „kognitiven Faulheit“ (Leyens & Dardenne 1996, 134) enthalten.

Kontrollüberzeugungen. Besonders hohen Erklärungswert haben aber Kontrollüberzeugungen, bzw. die dazugehörigen psychologischen Kontrolltheorien. Wie bei Erwachsenen so hat auch bei Kindern die subjektiv wahrgenommene Kontrollierbarkeit eines kritischen Familienereignisses einen ganz wesentlichen Einfluss auf die Bewältigung von Stresserleben. Es geht um die Annahme von Kindern, inwieweit sie ein kritisches Familienereignis „unter Kontrolle“ haben, d. h. ihre Kontrollüberzeugung (Thompson 1981; Rotter 1966; Bains 1983) oder Kontrollmeinung (Flammer 1990) oder auch Kontrollillusion (Langer 1975).

Dabei wird unter Kontrolle über den umgangssprachlichen Gebrauch hinaus auch verstanden, wenn Ereignisse oder Zustände und ihre Folgen vorhergesehen, verstanden und erklärt sowie beeinflusst werden können. Die eigentlichen Ressourcen sind aber eben die Annahmen einer Person oder eines Paares über das Ausmaß der Kontrolle.

Wenn eine Person glaubt, belastende Ereignisse oder Zustände kontrollieren zu können, wird sie in geringerem Maße durch sie beeinträchtigt. Nimmt eine Person wahr, dass sie bedeutsame Ereignisse oder Zustände nicht kontrollieren kann, so wird das als Kontrollverlust und damit als bedrohlich und beeinträchtigend erlebt. Die wahrgenommene Kontrolle kann mehr oder weniger übereinstimmen mit der objektiv gegebenen Kontrollierbarkeit einer Situation oder eines Zustandes. Dies sind grundlegende Beobachtungen aus der jahrzehntelangen sozialpsychologischen Kontrollforschung (White 1959; De Charms 1968; Abramson u. a. 1978; Thompson 1981; Bains 1983; Folkman 1984).

Die Grundannahme ist, dass Kinder in PAS-Konstellationen einen erheblichen Kontrollverlust erleben. Schließlich müssen sie eigene Gefühle verleugnen, Bindungsabbrüche hinnehmen und Konflikte zwischen erlebter Realität und suggerierter Realität sowie zwischen eigenen Einstellungen und gezeigtem Verhalten ertragen. Ohnmachtsgefühle, Hilflosigkeit, Angst und leichte Beeinflussbarkeit in Abhängigkeit vom betreuenden Elternteil können das Kind labilisieren. Zweiter Teil der Grundannahme ist, dass Kinder in dieser Situation – und zwar von Beginn an – nach Möglichkeiten suchen, die Kontrolle über die Situation wieder zu erlangen durch Umbewertungen und Handlungen jener Art, wie sie in den acht Kardinalsymptomen von Gardner genannt sind oder wie sie bei Ell (1990) als Überdistanzierung von einem und Überidentifikation mit dem anderen Elternteil beschrieben sind.

Innerhalb der Kontrollforschung werden durch diverse Theorien ganz verschiedene Kontrollüberzeugungen favorisiert. Im Folgenden werden hier solche mit besonders engem Bezug zu PAS-Konstellationen ausgewählt, nämlich Voraussehbarkeit, Beeinflussbarkeit, Erklärbarkeit und Selbstwirksamkeitsüberzeugung.

Voraussehbarkeit: Angenommene Voraussehbarkeit des Zeitpunktes, der Dauer, des Ablaufs und der Folgen eines Ereignisses wird als Stress und Angst mindernd angesehen, weil sie relative Sicherheit, z. B. vor unangenehmen Überraschungen sowie Entspannung bedeuten kann. Sie ermöglicht, eigene Reaktionen optimal einzurichten. So ist die Verunglimpfung des abzulehnenden Elternteils gleich mehrfach geeignet, die Voraussehbarkeit der weiteren Geschehnisse zu erhöhen. Vom betreuenden Elternteil sind freudige, gütige, auf jeden Fall positive Reaktionen zu erwarten. Damit findet nicht nur Verstärkerlernen seinen bescheidenen Platz, denn die Wahrscheinlichkeit, wieder so zu handeln, also erneut zu verunglimpfen, steigt. Viel wichtiger ist, dass die positive Reaktion ein Sicherheitssignal (Seligman 1986) darstellt. Fehlen diese, ist erlernte Hilflosigkeit die Folge. Die verunglimpfende Aktion und ihre Echos garantieren aber auch nach einigen Durchläufen eine Erleichterung und Entlastung. Sie wird voraussehbar und angestrebt. Und schließlich wird auch die Reaktion des abwesenden Elternteils absehbar. Entweder er „gibt Ruhe“, oder er wehrt sich (Anträge auf Umgangsregelung oder gar Sorgerecht) und bestätigt damit die vorausgesehene Bösartigkeit im Mechanismus einer sich selbst erfüllenden Prophezeiung. Voraussehbarkeit wird solange angestrebt, wie Beeinflussbarkeit der Situation angenommen wird, zugleich fördert Voraussehbarkeit diese Annahme der Beeinflussbarkeit.

Interessant ist, wie sich Kinder in solchen Spannungsfeldern auch dagegen wehren, dass Voraussehbarkeit beeinträchtigt wird. So hatte ein Vater in seiner Not der fünfjährigen Tochter in Verkennung der Situation „angedroht“, für drei Monate zu verreisen, wenn sie sich weiter weigere, ihn zu treffen. Später beim Gutachter beschuldigte das Mädchen den Vater heftig des Lügens, er sei gar nicht drei Monate verreist.

Beeinflussbarkeit: Die Überzeugung, einem unangenehmen Ereignis oder Zustand ausweichen, es verhindern oder in Dauer, Intensität und Ablauf modifizieren zu können, kann ein weiterer Schutzfaktor sein. Das Kind hofft erst und nimmt dann wahr, dass es in der gewünschten Weise wirkt, wenn es die distanzierenden Äußerungen über den abzulehnenden Elternteil intensiviert oder auf dessen Angehörige ausweitet. Akute Konflikte können so aufgeschoben werden. Zielpersonen werden provoziert und wenn sie reagieren, wird ihre postulierte Bösartigkeit als bestätigt angesehen. Die erfolgreiche Verwendung „geborgter Szenarien“ oder die Betonung eigenständigen Denkens wird als erhöhte Durchschlagskraft interpretiert.

Eigenes Handeln bewertet das sog. PAS-Kind dann weiterhin oder zunehmend als sinnlos, wenn es die Erfahrung macht, durch eigenes Handeln nichts verändern zu können. Die Erwartung, dass zwischen eigenem Tun und Ereignisverlauf kein Zusammenhang besteht, ist – neben der fehlenden Voraussehbarkeit – die zweite Quelle erlernter Hilflosigkeit nach Seligman (1986), zugleich ein Verlust an Kontrollmotivation und eine Katastrophe für die Selbstwertentwicklung und Autonomieentfaltung. Kinder mit einem Mindestmaß an personalen Stressressourcen wissen das zu verhindern. Sie haben zwei Möglichkeiten: Entweder sie stellen sich gegen den betreuenden Elternteil. Die Risiken werden aber hoch bewertet und erzeugen Angst. Oder sie verbünden sich mit ihm und gegen den abwesenden Elternteil. Die Risiken erscheinen viel geringer, die Handlungsmöglichkeiten aber vielfältig.

Erklärbarkeit, Verstehbarkeit: Eine eher retrospektive Kontrollüberzeugung liegt vor, wenn das Kind der bestehenden Konfliktlage bestimmte Ursachen zuschreibt, wenn es innere und äußere Einflüsse als sinnvollen Zusammenhang wahrnimmt und nicht als Rauschen (Antonowsky 1997). Solche Ursachenzuschreibungen (Kausalattributionen) reduzieren die subjektive Komplexität von Situationen, machen sie überschaubarer. Einem sechsjährigen Mädchen wurde vom abzulehnenden Vater ein attraktiver Tagesausflug versprochen. Die Mutter wusste das zu verhindern. Beide Elternteile erklärten den Ausfall ganz unterschiedlich. Das Mädchen stellte für sich „Klarheit" her durch ein „geborgtes Szenarium". Es erklärte dem Gutachter: „Papa verspricht immer viel, aber bringt nichts zustande." Da aber oft genug solche Erklärungen unlogisch und fragwürdig sind, lassen Kinder Ambivalenzen nicht zu (fehlende Ambivalenz s. oben), verdrängen Schuldgefühle und greifen zu absurden Rationalisierungen.

Besonders wichtig ist, ob ein Kind sich selbst oder andere Personen als Ursache von Ereignissen versteht. Erklärt sich ein Kind das Nachlassen des Drängens auf Kontakt seitens des abwesenden Elternteils aus eigenen Abwehraktionen, so liegen interne Kontrollüberzeugungen nach Rotter (1966) vor. Das Kind wird motiviert, auch weiterhin Einfluss zu nehmen – wenn die Folgen erwünscht sind. Wird das Wegbleiben des Elternteils als schmerzlich erlebt und eigenem Wirken zugerechnet, so entstehen labilisierende Schuldgefühle. Dies wäre aber eher untypisch für die PAS-Konstellation.

Kompetenzüberzeugung: Ein Spezialfall von protektiven Kontrollüberzeugungen sind Selbstwirksamkeitserwartungen. Sie werden nach Bandura (1977, 1986) verstanden als die Überzeugung, schwierige Probleme und Situationen auf Grund eigener Kompetenzen bewältigen zu können. Je ausgeprägter sie ist, desto weniger angstbesetzt, bedrohlich oder überfordernd werden solche Situationen erlebt, desto aktiver, anstrengungsbereiter und ausdauernder beteiligen sich Kinder an ihrer Regelung. Belastende Begleiterscheinungen werden besser verkraftet. Erfolgserleben stärkt das Selbstgefühl und bestätigt bzw. verstärkt die Kompetenzüberzeugung.

Sog. PAS-Kindern ist es in ihrer abhängigen Position erschwert, so zu reagieren. Sie greifen deshalb zu Surrogaten. Ein Beispiel ist das von Gardner (1992) genannte Kardinalsymptom „Betonung der eigenen Meinung". Im Ergebnis autosuggestiver Prozesse schreiben sich Kinder im PAS-Konflikt Fremdkompetenzen selbst zu. Es sagt z. B.: „Ich mache die Tür nur ein bisschen auf, wenn Papa wieder ankommt und mich abholen will." Es vergisst zu erwähnen, dass die Mutter hinter der Tür steht und alles im Griff hat, auch die Tür. Irgendwann im PAS-Prozess ist dies nicht mehr nötig. Wieder werden solche

Überzeugungen assistiert durch absurde Rationalisierungen, Abwehr von Schuldgefühlen und Vermeiden von Ambivalenz.

Was ist der gemeinsame Nenner dieser mentalen Aktionen? Was ist der übergreifende Effekt? Es wird in erster Linie die Handlungsfähigkeit in den „verrückten“ Beziehungen der Familie erhalten oder wieder gewonnen. Statt Trichter für Induktionen zu sein und sich durch unauflösbare Widersprüchlichkeiten lähmen zu lassen, wird die wuchernde Komplexität verringert, übersichtlich gemacht, und dadurch werden auch Angst und Ohnmachtsgefühle reduziert. Das Kind wird zum Akteur. Es kommt zur schon lange bekannten „kindlichen Mittäterschaft“ (Petri 1991). Das Kind nimmt den sog. Initiatorstatus ein, der im Vergleich zum Non-Initiator-Status als die bessere Grundlage angesehen wird, um Belastungen und Konflikte zu bewältigen und Stresserleben zu mindern (Pettit & Bloom 1984; Diedrick 1991; Rossiter 1991).

Mit diesem Bezug auf die Stressproblematik kann an die in Kap. 2.2. eingeführte Stressdefinition angeknüpft werden. Danach ist Stress insofern eine Beziehung im Ungleichgewicht, als Anforderungen der Umwelt die Kompetenzen einer Person überfordern und zu einem intensiv unangenehmen Spannungszustand in einer als bedrohlich bewerteten Situation führen. Diese Voraussetzungen sind für Kinder in PAS-Konstellationen zunächst erfüllt. Dadurch sind sie meist bemüht, das Ungleichgewicht wieder zu beseitigen.

Wichtig ist, Bewältigungsstrategien grundsätzlich als kreative Anstrengung zum Lösen von Problemen und zum Fertigwerden mit Situationen zu verstehen. Deshalb dürfen einzelne solcher Anstrengungen nie unabhängig vom spezifischen Kontext als effizient oder ineffizient beurteilt werden. Vermeidung oder Illusionsbildung kann eben sinnvolle Strategie sein, wenn reale Kontrollmöglichkeiten für das Kind gering sind.

Es gibt eine Reihe möglicher Einwände und Fragen. Auf drei soll im Folgenden eingegangen werden.

(1) Ist dieses Bemühen nicht selbst wieder belastend? Es ist Bewältigungsstress, der durch antizipierte oder faktische Bewältigung lähmender Stressoren entsteht und alle potenziellen Vorteile von Coping birgt. Das unterscheidet ihn vom Krisen- bzw. Duldungsstress, bei dem die erlebte Unfähigkeit zur Situationsbewältigung und die Wahrnehmung objektiver Hindernisse als Stressoren wirken (Schneewind 1999).

(2) Wie stabil sind die Vorteile für das Kind? Es ist tatsächlich noch unklar, wie lange die positiven Folgen des Initiatorstatus anhalten. Weicht die mittelfristige Entlastung später einem belastenden Erkennen? Sind aber Erwachsene normalerweise in ihrem Alltag strikt gewillt, langfristige Folgen bevorzugt zu beachten? Oder sind Nahzielorientierung und „Unfähigkeit zum Belohnungsaufschub“ nicht wohl bekannte Entscheidungsgrundlagen und damit auch traditioneller Gegenstand psychologischer Forschung?

(3) Spielen nicht beim Eigenbeitrag des sog. PAS-Kindes Wahrnehmungs-, Erinnerungs- und Urteilsverzerrungen eine Rolle? Dem ist entgegenzuhalten, dass solche Verzerrungen eine normale Begleiterscheinung menschlicher Informationsverarbeitung sind. Nicht umsonst spricht man in der Sozialpsychologie von „systematischen Urteilsverzerrungen“ (Kanning 1999). Sie halten Individuen funktionsfähig, z. B. indem sie die *Ökonomie* psychischer Prozesse garantieren, das Verhältnis zwischen Aufwand und Effekt günstig gestalten und das System vor dem Zusammenbruch bewahren.

Das ist nur möglich, wenn diese teils unbewussten Prozesse des Urteilens von subjektiver Urteilssicherheit begleitet werden, auch wenn sich Urteile oder Entscheidungen objektiv als falsch erweisen – ebenfalls eine durch die psychologische Forschung hinreichend belegte Systematik (Hoffrage 1993). Wäre dies nicht so, würden sich für das Kind weder ein Vorteil noch ein Anreiz ergeben.

Bei der Überdistanzierung von einem Elternteil und der Überidentifikation mit dem anderen Elternteil bzw. bei Verhaltensweisen des Kindes im Sinne der Gardner‘schen Kardinalsymptome geht es offenbar um Verlaufseigenschaften und Bestandteile menschlichen Wahrnehmens, Erinnerns, Fühlens, Denkens und Verhaltens. Geht es auch um Merkmale des Willens, hier des kindlichen Willens?

5.3.2 Kindeswille und PAS-Konstruktion

Die orthodoxe PAS-Konstruktion enthält keine Ansatzpunkte, um den Kindeswillen zu berücksichtigen. Er wird für längst zerstört und nicht mehr existent erklärt (vgl. z. B. Fischer, 2000; Jopt & Berend 2000b; Kodjoe & Koepppel 1998b). Diese Position verhindert, das Kindeswohl angemessen zu beurteilen.

Dem werden hier unter Hinweis auf das Kapitel 4 folgende Positionen entgegen gesetzt: Richtig ist, dass formal die Entscheidungskompetenz auch nicht beim Kinde liegt und die prinzipiell zugestandene Selbstbestimmung sich nicht nachteilig für das Kind auswirken darf. Es trifft auch zu, dass extreme Instrumentalisierungen die Freiräume für kindliche Willensbildung besonders stark einschränken können. Indirekte wie direkte, offene wie verdeckte Induzierungen (vgl. Kap. 4) laufen ab.

Aber es kann nicht nur der Input durch den betreuenden Elternteil zum Maßstab gemacht werden, ebenso wenig das Leid des abwesenden Elternteils, wenn man nicht Gefahr gehen will, das Kindeswohl aus den Augen zu verlieren. Entscheidend ist, wie das Kind diese Konstellation verarbeitet, welche Effekte sich für die psychische Regulation beim Kind ergeben. Hier sind zwei Faktoren zu beachten: die *allgemeine Resilienz* eines Kindes und die *aktuelle Verarbeitung des konkreten Stresses in der PAS-Situation*.

Die *allgemeine Resilienz* als Ergebnis des Verhältnisses von Schutz- und Risikofaktoren kann ganz unterschiedlich ausgeprägt sein. Resilienz und Vulnerabilität sind aber ausschlaggebend dafür, wie ein Kind Stressressourcen mobilisieren kann. Die Scheidungsforschung bestätigt, dass die Konfliktverläufe für die Kinder nicht generell als traumatisierende Ereignisse eingestuft werden können und dass nicht pauschal kindliche Hilflosigkeit angenommen werden kann. Vielmehr bestätigen gerade Erfahrungen mit Interventionsprogrammen, dass betroffene Kinder die gegebene Zeit auf ganz unterschiedliche Art nutzen, um sich mit der Lage und den Konflikten auseinanderzusetzen und zurechtzufinden, und dass dabei auch kreative Lösungsversuche gemacht werden (Frey 2000).

Neben der allgemeinen Resilienz ist vor allem die *aktuelle Verarbeitung der konkreten Belastung* zu berücksichtigen, wenn der Kindeswille beurteilt werden soll. Diese Verarbeitung ist ein Prozess. Er besteht im Wesentlichen aus den zwei in Kap. 4.5. genannten Phasen, der äußerlichen Anpassung und der Verinnerlichung der induzierten Inhalte, also der aktiven Auseinandersetzung mit den Abwertungen des abzulehnenden Elternteils und dem eigenen Handlungsspielraum. In der ersten Phase überwiegt die Reaktion. Die zweite Phase ist Aktion. Je nachdem, in welcher der beiden Phasen wir das Kind antreffen, sind die Qualität und das Gewicht des Kindeswillens ganz unterschiedlich zu beurteilen.

Oft werden Beispiele dafür angeführt, dass Kinder, die sich weigern, den anderen Elternteil zu besuchen, dies auf autoritäre Anweisung z. B. eines Jugendhilfemitarbeiters hin dann doch bereitwillig tun. Abgesehen davon, dass immer Beispiele für jede Variante, also auch das Gegenteil, genannt werden können, ist Folgendes zu beachten: Wenn das Kind ohne Gegenwehr einer solchen Aufforderung folgt, dann ist der Kindeswille zur Verweigerung eben nicht im intentionalen Stadium. Die genannten Kriterien für einen bedeutsamen Kindeswillen sind nicht hinreichend ausgeprägt. Das Kind ist evtl. froh, durch die Aufforderung zum Kontakt aus der Unentschlossenheit geholt zu werden. Das schließt Proteste gegen den Sozialarbeiter oder Richter, der Kontakt angeordnet hat, nicht aus. Sie sind meist eine Information an den manipulierenden Elternteil: Ich bin gezwungen zu gehen, es ist nicht meine Schuld.

Da die kindliche Willensbildung ein Prozess ist, sind Erfolge solcher Interventionen umso wahrscheinlicher, je eher interveniert wird, also noch in der präintentionalen Phase. Da auch der manipulierende Elternteil diese Zusammenhänge zumindest grob erkennt, versucht er, rechtliche und institutionelle Entscheidungsprozesse zu verzögern, d. h. Zeit zu gewinnen. Leider gelingt das oft.

Befindet sich das Kind bereits in der Phase der Verinnerlichung, dann werden Abwertungen des abzulehnenden Elternteils und die Zuwendung zum betreuenden Elternteil sowohl gefühlt als auch kognitiv verankert. Sie gehören zur Identität des Kindes. Sie befriedigen die Bedürfnisse nach Wiedergewinnung der Kontrolle über die eigenen Lebensbedingungen. Sie gewährleisten Handlungsfähigkeit und je nach Alter des Kindes Selbstvertrauen oder Selbstachtung. Das Kind ist nicht mehr nur Trichter für Induktionen. Es ist eine neue psychische Realität entstanden, die dem „Initiatorstatus“ entspricht. Das Kind wählt aus verschiedenen Handlungsalternativen eine aus, d. h., es werden also durchaus Entscheidungen getroffen. Es ist die intentionale Phase der Willensbildung erreicht (vgl. Kap. 4.2.1.). Zielorientiertheit, Intensität und Stabilität als Merkmale sind unverkennbar. Die Autonomie als viertes Merkmal ist ebenfalls nicht zu bestreiten, denn alle genannten Voraussetzungen dafür sind gegeben, und die Beteiligung von Fremdeinflüssen schließt bekanntlich Autonomie des Willens nicht aus.

Meist wird dies eher anerkannt, wenn ein älteres Kind in pubertätstypischer Weise, emotional labilisiert und hypersensibel, den Kontakt zum abwesenden Elternteil rigoros abbricht. Entwicklungspsychologische Erklärungen wie alterstypische Empfindungsmuster und beginnende Ablösungsprozesse werden ihm zugute gehalten, was ja auch richtig ist. Wenn aber ein kleines Kind seine Trennungsängste oder sein Stresserleben mit Übergabesituationen in die Ablehnung von Kontakt „übersetzt", wird meist ignoriert, dass Willensbildung beteiligt ist.

Wenn hier der Kindeswille exponiert wird, so bedeutet das keineswegs, Kindeswohl und Kindeswille gleichzusetzen. Es gilt aber auch in Bezug auf das sog. PAS das Prinzip: soviel Akzeptierung des Kindeswillens wie möglich, soviel regulierender Eingriff wie nötig, um Kindeswohl zu sichern. Auch hier gilt, dass die platte Umsetzung des Kindeswillens selbst gefährdend sein kann und damit Schutzbedarf auslösen würde. Die Aufgabe bleibt, die Qualität des kindlichen Willens zu prüfen, ebenso intensiv wie die Folgen unsachgemäßer Eingriffe in die Willensbildung des Kindes. Es geht also nicht um „unkritische Respektierung" von Willensbekundungen, wie Jopt und Behrend meinen. Und die Ansicht, dass Kinder in PAS-Situationen „nicht Akzeptanz, sondern Hilfe" (2000a, 227) benötigen, ist eine unangemessene Vergröberung.

5.4 Interventionen

5.4.1 Kindeswohl im Dilemma

Unbestritten ist, dass es für die Entwicklung eines Kindes normalerweise am günstigsten ist, wenn es positive emotionale Beziehungen zu beiden Eltern hat und durch beide gefördert wird, auch und gerade nach einer Elterntrennung. Deshalb streben alle beteiligten Professionen an, diese Beziehungen zu sichern oder wieder herzustellen. Es besteht eher die Gefahr, dass durch hurtige Verbreitung „neuer" Erkenntnisse dieses Ziel dogmatischen Charakter annimmt. Dann kann

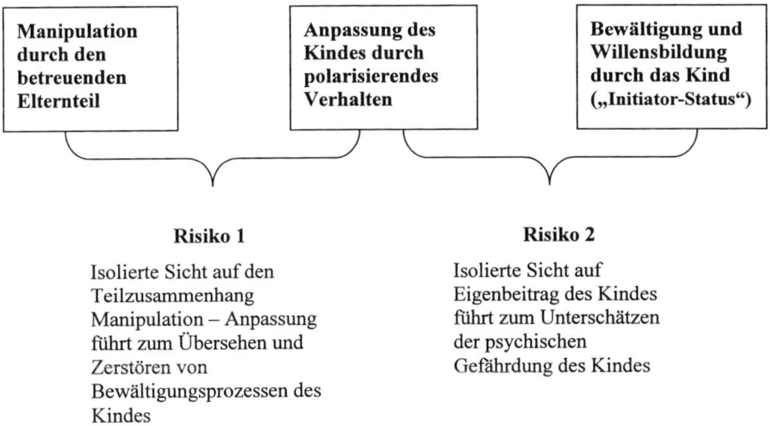

Abb. 6: *Die beiden Risiken der Kindeswohlbeurteilung*

übersehen werden, dass die notwendige Beurteilung des Kindeswohls mindestens zwei Aspekte enthält, die den Charakter eines Dilemmas zwischen zwei Risiken annehmen können.

Der Prozesscharakter wurde oben als ein fortlaufendes Wechselspiel folgender Aktionen gekennzeichnet: 1. Manipulation durch den betreuenden Elternteil, 2. Anpassung des Kindes an den betreuenden Elternteil durch polarisierendes Verhalten mit der Gefahr psychischer Schädigung, 3. Bewältigung und Willensbildung durch das Kind. Eine isolierte Sicht auf Teilzusammenhänge dieses Prozesses zieht zwangsläufig einseitige Schlussfolgerungen auf notwendige Maßnahmen nach sich und birgt die Gefahr sekundärer Kindeswohlgefährdung (s. S. 82 oben). Im Folgenden werden die beiden Risiken genauer betrachtet (Abb. 6).

5.4.2 Risiko 1

Bei diesem Risiko wird vom außen stehenden Beurteiler nur der Zusammenhang zwischen Manipulation durch einen Elternteil und dem polarisierenden Verhalten (Überdistanzierung und Überidentifikation) des Kindes gegenüber den Eltern gesehen. Deshalb wird vorrangig oder ausschließlich die Gefahr gesehen, dass das Kind infolge der permanenten Nötigung durch den betreuenden Elternteil eigene Wünsche verleugnet, dass die rigorose Einengung das Selbstgefühl und die Identitätsbildung des Kindes beeinträchtigen und im Extremfall zu Persönlichkeitsstörungen führen. Dies zu stoppen wird als Lösung des Gesamtproblems angesehen und als einziger Weg, die Gefährdung des Kindeswohls zu vermeiden.

Das Risiko 1 besteht darin, dass der andere Teilzusammenhang übersehen wird, nämlich der zwischen Anpassungsverhalten und Bewältigung bzw. Willensbildung. Bewältigungsstrategien und Willensbildung werden nicht als Vorteil und Schutzfaktor erkannt oder anerkannt, sie werden demontiert. Die entstandene psychische Realität des Kindes wird ignoriert und schließlich paralysiert. Es wird riskiert, dass das Kind in den Zustand zurück-interventioniert wird, aus dem es sich durch die beschriebenen Bewältigungsstrategien gelöst hat. Die Bewältigungsmotivation wird zerstört. Gefühle von Ohnmacht und Hilflosigkeit sowie Selbstwertlabilisierung und kognitive Desorientierung können wieder bestimmt werden. Es wird riskiert, das Kindeswohl auf diesem Wege zu gefährden.

Interventionen in dieser Richtung sind entweder auf den betreuenden Elternteil oder auf das Kind gerichtet. Zuweilen ist das nicht zu trennen.

Interventionen gegen den betreuenden Elternteil: Sie sollen diesen Elternteil zu einer Korrektur seines verantwortungslosen Verhaltens bewegen. Sie werden einerseits als vorrangig angesehen. Andererseits ist bekannt, dass besonders verfestigte Einstellungen und der Glaube dieses Elternteils, das Richtige zu tun, die Erfolgswahrscheinlichkeit von Intervention mindern, besonders auf der Ebene von Gesprächen, Beratung oder Familientherapie. Diese Erfahrung trägt wohl dazu bei, dass als eine Extremvariante solcher Interventionen, der Sorgerechtsentzug, immer häufiger diskutiert wird. Solange es bei der Androhung bleibt, ist Risiko 1 noch nicht betroffen. Erfolge bei minder schwer ausgeprägtem Manipulationsverhalten, also noch vorhandener Beeindruckbarkeit, rechtfertigen solche Versuche.

Die Realisierung des Sorgerechtsentzugs – dies sei ausdrücklich betont – kann eine gerechtfertigte Maßnahme sein, wenn sie ausreichend geprüft und die Folgen für das Kind abgewogen wurden. Dazu gehören die Fragen nach den vorhandenen Bindungen des Kindes und der Qualität des Kindeswillens. Ist die Trennung aus der Bindung zum betreuenden Elternteil die größere Kindeswohlgefährdung? Ist die Abwertung des kindlichen Willens die größere Gefahr für das Kindeswohl? Diese Fragen werden gar nicht gestellt, wenn lediglich über die reduzierte Erziehungsfähigkeit des betreuenden Elternteils reflektiert wird und dann Sorgerechtsentzug, Amtsvormundschaft, Herausnahme, Fremdunterbringung diskutiert werden als einzige Möglichkeit, das staatliche Wächteramt auszuüben.

Natürlich kann das Verhalten des betreuenden Elternteils so eindeutig schädlich für das Kind sein, dass die Erziehungsfähigkeit fraglich wird und zu prüfen ist. Dann dürfte es aber sinnvoller sein, sich an den Maßstäben der § § 1666 Abs. 1 bzw. 1631 Abs. 2 BGB zu orientieren. Es bedarf nicht des Umweges über die Unsicherheiten einer PAS-Diagnose.

Hier geht es um die ungeprüfte, einseitige, aber vehemente Befürwortung solcher Maßnahmen wie Sorgerechtsentzug und Fremdunterbringung als Intervention. Wiederum entsteht der Eindruck, dass es darum geht, den manipulierenden Elternteil zu maßregeln oder den benachteiligten Elternteil zu „seinem Recht“ zu verhelfen. Wie bereits in Kap. 4 betont, wäre dies nur eine andere Form der missbräuchlichen Instrumentalisierung des Kindes für die Interessen eines Elternteils. Hierher gehört z. B., wenn es in einer Urteilsbegründung heißt, ein Ausschluss des Umgangsrechts für den Vater komme nicht in Betracht, weil das eine nicht hinnehmbare Belohnung des Verhaltens der Mutter wäre.

Dasselbe gilt auch, wenn durch Zwangsmaßnahmen gegen den betreuenden Elternteil wie Beugehaft, Zwangsgeld oder Verweigerung der Prozesskostenhilfe ohne die notwendige Kalkulation von Folgen angestrebt werden, z. B. um den Kontakt eines Kindes zum ausgegrenzten Elternteil zu erzwingen. Juristisch geht es darum, „den Willen des Rechtsungehorsamen zu beugen“ (Peschel-Gutzeit 1989, 165). Lernpsychologisch geht es um Verstärkerlernen, d. h. Verlernen durch Bestrafung. Wir wissen, dass damit nicht die hinter einem Verhalten stehenden Einstellungen und Bedürfnisse geändert werden, sondern allenfalls äußeres Verhalten, solange Kontrolle möglich ist.

Was geschieht aber mit dem Kind, das nach so erzwungenen Kontakten mit all seiner Abhängigkeit zurückkommt zum manipulierenden Elternteil mit seinen Affekten, mit seiner Hilflosigkeit? Oft ist die Antwort darauf, der manipulierende Elternteil dürfe nicht durch Duldung in seinem Handeln bestärkt werden. So richtig das sein mag, zuvor ist zu beurteilen, ob diese gegen einen Erwachsenen gerichtete

Aktivität nicht vielmehr das Kind trifft und damit gewissermaßen „nach hinten“ losgeht. Damit ist nichts gegen die begründete Anwendung von Zwangsmaßnahmen gesagt, nur etwas gegen ihre blinde Nutzung im Interesse eines einseitig verstandenen Kindeswohls oder gar im Interesse von Elternrechten oder Elternabstrafung.

Unter diesem Aspekt sind auch simplifizierende Wenn-Dann-Regeln wie die folgende falsch: „Wenn dem betreuenden Elternteil die Umgangstoleranz fehlt, muss die Praxis mit gerichtlichen Mitteln geschaffen werden“ (Weißbrodt 2000, 626). Hier äußert sich die in Abschnitt 2.1.3. thematisierte Neigung, „die Wirklichkeit durch strikte Konditionalprogramme“ (Bierbrauer 1989, 254) zu bewältigen.

Soweit zu Interventionen gegen den betreuenden Elternteil. Nun zu jenen Strategien, die auf oder gegen das Kind gerichtet sind.

Interventionen gegen das Kind: Sie werden meist damit begründet, dass die Maßnahmen gegen den betreuenden Elternteil erfolglos blieben. Das ist zwar ein eigenartiges, aber gebräuchliches Argument. So stellen Jopt und Behrend fest, es sei kein gangbarer Weg, darauf zu warten, dass sich Einstellungsänderungen bei diesem Elternteil ergeben. Die Schlussfolgerung lautet: „Deshalb muss mit allen zur Verfügung stehenden Mitteln versucht werden, die zu Lasten des Kindes gehende Symbiose aufzubrechen und den Erwachsenen dazu zu bewegen, seine fälschliche Gleichsetzung kindlicher Solidarität mit kindlichem Willen endlich aufzugeben. Wobei – wenn alle anderen Bemühungen gescheitert sind – letztlich auch vor dem Einsatz von Gewalt gegenüber dem Kind nicht zurückgeschreckt werden darf“ (2000b, 265).

Nur selten wird die Endstufe eines Irrweges so deutlich formuliert. Die Autoren bezeichnen es als neues Therapiekonzept, das Kind nicht nur stundenweise von seiner Restfamilie zu trennen, „statt dessen kommt es darauf an, den Betreuenden vorübergehend aus der kindlichen Lebenswelt auszugrenzen“ (2000b, 269). Gemeint ist die Fremdunterbringung des Kindes. Die lediglich ambulante Beschäftigung mit dem Kind habe „von vornherein eher geringe Erfolgschancen in Richtung Wiederannäherung“ (2000b, 269). Es gibt Einzelfälle, für die eine Risikoabwägung so ausfällt. Als Generalregel ist ein solches Konzept unangemessen. Es wird nicht erwogen, was das Kind will und wie es um die Qualität des evtl. gegen Wiederannäherung gerichteten kindlichen Willens steht. Es wird nicht erwogen, welche

Folgen es haben könnte, wenn das Kind aus den Bindungen an den betreuenden Elternteil getrennt wird. Die Gefahr, das Kind in Aktionen gegen oder für Elternteile zu instrumentalisieren, wird nicht reflektiert.

5.4.3 Risiko 2

Hier wird nur der Zusammenhang zwischen Anpassungsverhalten und den Prozessen von Bewältigung bzw. Willensbildung (vgl. Abb. 6) beachtet. Es wird erkannt oder erhofft, dass ein Kind zunehmend Kontrollbedürfnisse entwickelt und autonome Entscheidungen trifft, dadurch handlungsfähig ist, einen Initiatorstatus einnimmt und sich dadurch vor Stressüberlastung schützt. Eine Steigerungsform ist, dass jede Wunschtendenz, auch instabile und eindeutig suggerierte Äußerungen, als kindlicher Wille interpretiert werden.

Das Risiko 2 besteht darin, dass der andere Teilzusammenhang übersehen wird, nämlich die mögliche psychische Schädigung des Kindes durch das manipulative Verhalten des betreuenden Elternteils. Es wird nicht erkannt oder anerkannt, dass Bewältigungsprozesse und autonome Willensbildung erschwert sind und deshalb evtl. als Schutzfaktor gar nicht wirken können. Es wird riskiert, das Kindeswohl auf diesem Wege zu gefährden. Gründe können sein, dass die allgemeine Resilienz des Kindes gering ist oder die spezifische Widerstandskraft bereits durch lang andauernde Konflikte gemindert ist. Wenn dann noch besonders massive Instrumentalisierungen und Abhängigkeitsverhältnisse hinzukommen, kann die Wahrscheinlichkeit aktiver Bewältigung durch das Kind weiter sinken.

Zu den Interventionen in dieser Richtung gehört z. B. das ungerechtfertigte Aussetzen von Kontakten zwischen Kind und abwesendem Elternteil. Eine solche Aussetzung ist nur dann gerechtfertigt, wenn sie das kindliche Wohl im geringeren Maße gefährdet als die Durchsetzung von Kontakten. Auch wenn die Aussetzung die häufigste gerichtliche Reaktion ist, so bedeutet dies nicht, dass sie in diesem Umfang auch die optimale war. Riskant ist diese Maßnahme, wenn sie nur ein Ausweichen vor Schwierigkeiten ist, wenn keine Fristen für die Aussetzung festgelegt werden, obwohl das sinnvoll wäre.

5.4.4 Abwägung zwischen beiden Risiken

Die Gefahr einseitiger, eingeengter Sicht auf diese Zusammenhänge besteht in den beiden Risiken, Kindeswohl zu gefährden. Beide sind Ergebnis mangelnder Balance bei der Abwägung aller Faktoren, die nachteilig für das Kindeswohl sein können.

Risiko 2 besteht eher dann, wenn (noch) die reaktive Anpassung des Kindes an die Manipulationen des betreuenden Elternteils dominiert. Wuchern diese manipulativen Verhaltensweisen tatsächlich in pathopsychologische Dimensionen hinein und findet das Kind nicht zu Bewältigungsstrategien, dann eskaliert dieses Risiko.

Risiko 1 wird umso größer, je mehr das Kind in die aktive Phase der Verinnerlichung übergegangen ist (s. 5.3.2.) und intentionale Willensbildung beteiligt ist (s. 4.2.1.). Eine präzise Trennung ist nicht möglich, weil bekanntlich die Grenzen zwischen Manipulation und Selbstmanipulation, zwischen Gedrängtwerden und Selbstwollen fließend sind. Aber immerhin sollte diese Unterscheidung als diagnostische Basis nicht übersehen werden. Als Regel dürfte auch richtig sein, dass mit der Zeitdauer der Konstellation das Risiko 1 steigt.

Zuweilen wird Risiko 1 dadurch erhöht, dass die oft tragischen Folgen für den ausgegrenzten Elternteil betont werden. Diese Folgen sollen hier keinesfalls bagatellisiert werden. Ihrer Darstellung bei Jopt und Behrend (2000a) als „Spirale aus Hoffnung, Verzweiflung und Entsetzen“ kann man nur zustimmen. Nur ist das eben ein anderer Aspekt als der des Kindeswohls. Und es gibt auch Fälle, in denen der betroffene Elternteil es geschafft hat nachzuvollziehen, was es für das Kind bedeutet, gegen seinen eigenen Willen und gegen den Druck des betreuenden Elternteils Kontakte aufzunehmen, oder was das Kind erlebt, wenn es gar trotz seines Widerstandes und trotz enger Bindungen vom betreuenden Elternteil getrennt wird.

Oft führt die Verunsicherung bezüglich der PAS-Problematik dazu, dass in Urteilsbegründungen oder Gutachten in bunter Folge Argumente für eine Entscheidung gegen den Kindeswillen aneinander gereiht werden und dabei unnötigerweise auch dieser Kindeswille abqualifiziert wird.

So fanden sich im Rahmen eines Verfahrens auf Abänderung der elterlichen Sorge (KG 17. ZS – FamS, Beschluss vom 30. 05. 2000 – 17 UF 1413/99, FamRZ 24/2000, 1607) gemäß § 1696 BGB eine Reihe triftiger Argumente dafür, das Sorgerecht für zwei Kinder entgegen dem Antrag des Vaters bei der Mutter zu lassen: Der Vater projiziere seine trennungsbedingten Kränkungen auf die Kinder und lasse die kindliche Realität außer Acht. Die Bedürfnisse der Kinder nehme er nicht wahr, auch das nach einer Beziehung zur Mutter. Er habe sich in der Vergangenheit nachhaltig über die bestehende Sorgerechtsregelung hinweggesetzt und die Kinder wiederholt der Mutter entzogen. Folgerichtig wird mit Bezug auf ein Gutachten festgestellt, mit der Übertragung des Sorgerechts auf den Vater sei eine seelische Kindeswohlgefährdung verbunden, er sei für eine Erziehung der Kinder nicht geeignet. Die Kinder äußerten aber den Wunsch, beim Vater zu bleiben.

Die bisher festgestellten Sachverhalte reichen aus, um dies als einen selbst gefährdenden Kindeswillen (s. oben) zu beurteilen – abgesehen davon, dass andere Kindeswohlkriterien, wie etwa das Förderprinzip, zu prüfen waren.

Offenbar einem falsch verstandenen Trend folgend, wird aber der Umweg über das sog. PAS genommen und den Kindern attestiert, dass ihre „eindeutige Parteinahme nicht ihrem tatsächlichen Willen entspricht“, sondern eben „dem programmierenden väterlichen Einfluss“. Diese Annahme ist aber weder erforderlich noch irgendwie mit Fakten belegt.

Mit der gegenwärtigen Tendenz, das Gewicht des Eigenbeitrages von Kindern beim sog. PAS als passive Anpassung abzuwerten, erhöht sich die Wahrscheinlichkeit des Risikos 1. Das zeigt sich z. B. darin, dass Argumente wie „staatlich legalisierter Beziehungstod des Kindes“, „Zerstörung einer exklusiven Bindungsstruktur“ (Jopt & Behrend 2000b) mit unreflektierter Selbstverständlichkeit lediglich auf den Fall der Aussetzung von Kontakten zwischen Kind und abwesendem Elternteil bezogen sind, nicht aber auf die Trennung von Kind und betreuendem Elternteil. Es zeigt sich auch darin, dass in der „gläubigen“ PAS-Rezeption der manipulierende Elternteil der Grund für den Kontaktabbruch des Kindes mit dem anderen Elternteil ist. Damit wird die Vielfalt der Gründe, auch der im Kind liegenden, erheblich reduziert (Salzgeber u. a. 2005).

Hier geht es um die Reduzierung von Komplexität bzw. um Übervereinfachung. Nicht nur der kindliche Wille wird ausgeblendet (und damit Risiko 1). Es werden auch die Eltern nur noch in Täter- und Opferrolle als Besetzung für eine Gut-Böse-Inszenierung reflektiert. Der familiäre Konflikt wird auf die Nachtrennungsphase reduziert (Stadler & Salzgeber 1999).

Die Gefahr besteht in der Verführungskraft kurzschlüssiger Rezeptologien und simplifizierender Lösungsvorschläge, in der Suggestion von Effektivität bei geringerem Aufwand. Zuweilen wird dies deutlich, wenn mit Beispielen argumentiert wird, in denen etwa die gerichtliche Anordnung zum Kontakt als Entlastung und Hilfe für das Kind geschildert werden, weil es jetzt den abwesenden Elternteil besuchen kann, ohne dass ihm das vom manipulierenden Elternteil als Verrat vorgeworfen werden kann. Aber es gibt eben auch Gegenbeispiele. Die Aussetzung des Umgangs wird angeordnet und vom Kind als erleichternd wahrgenommen, weil es sich nicht mehr rechtfertigen muss für seine Kontaktverweigerung. Für beide Aspekte gibt es inzwischen auch Urteile, was dem Problem gerecht wird und schon immer wurde. Deshalb kann von jeder Position mit passenden Beispielen und Musterurteilen argumentiert werden.

Angemessene Interventionen werden auch in der Zukunft vor allem dann gefunden, wenn die Gesamtheit der Wirkungszusammenhänge gesehen wird. Dazu zählt, dass familiengerichtliche Maßnahmen zu unterbleiben haben, „wenn die Nachteile des Eingriffs die Belastungen des Kindes bei Nichtintervention aufwiegen oder sogar überwiegen" (Salgo 2005, 904). Dabei ist dienlich, wenn die beiden Hauptaspekte des Kindeswohls im konkreten Fall abgewogen werden. Jeder der genannten Interventionen – außer Gewaltanwendung gegen das Kind – kann unter bestimmten Umständen gerechtfertigt sein. Das Abwägen der Kindeswohlaspekte ist nicht möglich ohne psychologischen Sachverstand. Wer Interventionen veranlasst, sollte ihn haben oder – in Gestalt eines psychologischen Sachverständigen – hinzuziehen.

Dabei wird immer die bedauerliche Tatsache anzuerkennen sein, dass es bei dieser Art Konflikt keine in jeder Hinsicht befriedigende Lösung gibt. Es werden immer problematische „Reste" bleiben, auch bezüglich des Kindeswohls. Sie werden nicht minimiert durch Simplifizierungen des Problems, sondern durch Abwägen der Risiken.

Es sollte zum fachlichen Standard werden, die Risikoabwägungen offenzulegen, die einer Entscheidung oder Empfehlung zugrundeliegen. Wird dies für alle Beteiligten zur Selbstverständlichkeit, ist Qualitätskontrolle und -sicherung eher gewährleistet. Die Substanz von Entscheidungen ist überprüfbar.

6 Intervention und Risikoabwägung

Die Diskussion um die Rolle und das Gewicht von deeskalierenden Interventionen in familiengerichtlichen Verfahren hat zu pointierten Standpunkten und auch zu gesetzgeberischen Konsequenzen geführt, zuletzt im Entwurf zum Gesetz zur Reform des Verfahrens in Familiensachen und in den Angelegenheiten der freiwilligen Gerichtsbarkeit (FamFG).

Wesentliche Kernsachverhalte sind 1. die Orientierung auf Einvernehmen und Einigung sowie 2. das Beschleunigungsgebot. Als Hauptmethode wird dabei die Beratung favorisiert. Ohne im Einzelnen auf die Regelungsinhalte einzugehen, soll lediglich aufgezeigt werden, dass auch die Wahl der Mittel zur Herstellung von Einvernehmen und zur Beschleunigung nur dann kindeswohldienlich ist, wenn sie ebenfalls als Risikoabwägung verstanden und praktiziert wird. Das hat wiederum engen Bezug zur angemessenen Berücksichtigung des Kindeswillens.

Der Ausbau von Beratung war schon Ziel und in gewissem Maße auch Effekt der Kindschaftsrechtsreform von 1998. Es gab positive Erfahrungen. Wie oft bei einmal ausgelösten Denkbewegungen ist eine „Welle" entstanden. Beratung als Erfolg wird von der Welle nur solange getragen, wie sie nicht überfrachtet wird. Möglichkeiten zum Überfrachten gibt es viele. Aktuell sind es Zwang und Beschleunigung. Beide können sinnvoll oder kontraindiziert sein, beide können dem Kindeswohl dienen oder es gefährden.

Pflichtberatung. „Beratung im Zwangskontext" hat nach Salgo (2006, 534) zurzeit Konjunktur. Das Zwangselement in der Beratung baut auf die Chance, dass unter kompetenter Beratung die Fremdmotivation zu Eigenmotivation wird, dass der Widerspruch zwischen einem Klima der Verständigung und der eigenen Ablehnungshaltung bewusst wird, d. h., dass kognitive Dissonanzen erzeugt werden. Schon die Chance dafür berechtigt zu einer Pflichtberatung als obligatorischem Probestadium. Das betrifft einen Versuch, nach dem – je nach Erfahrungsbildung und Einstellung – den Eltern die Möglichkeit erhalten bleibt, die Beratung nicht fortzusetzen, d. h. sich gegen eine Konsenslösung zu entscheiden. Auch verordnete Beratung kann nicht automatisch und immer das Dilemma von Kooperation und Kompetition beseitigen. Und es muss auch dem Berater die Möglichkeit offen stehen, über die Fortsetzung des Beratens je nach Beratungsfähigkeit der Eltern selbst zu entscheiden.

Die Erfahrungen mit solcher Art Pflichtberatung sind oft überraschend gut, aber eben nicht generalisierbar. Ein rechtlich regulierter Algorithmus zum flexiblen Umschalten auf andere Handlungsstrategien bleibt unentbehrlich. Eingeschlossen in diese Vorgehensweise muss also sein, dass ein Misslingen dieses Versuches möglich ist und gute Gründe haben kann.

Wird weiter Beratungszwang aufrecht erhalten und das Recht eines Elternteils, sich gegen eine Konsenslösung zu entscheiden, nicht gewährleistet, wird riskant gehandelt im Sinne der sekundären Kindeswohlgefährdung (vgl. Kap. 4.3). Es werden dann wichtige Zusammenhänge übersehen. Dazu gehört:

1. Der Anteil an Zwang für diese Streitparteien muss ins Verhältnis gesetzt werden zu den Belastungen und Zumutungen für die betroffenen Kinder in einem Trennungs- oder Umgangsstreit. Starr fortgesetztes Terminieren von Versuchen, die Streitparteien zu befrieden oder zum Einvernehmen zu befähigen, kann auch belastende und im Extremfall sogar kindeswohlgefährdende Umstände aufrechterhalten. Die Pflichteinigung auf gemeinsame elterliche Sorge oder auf Umgang birgt nicht die höhere Wahrscheinlichkeit dauerhafter Kooperation der Eltern und garantiert auch nicht günstigere Lebensbedingungen für das Kind.

2. Bleibt die Autonomie der Entscheidung zur Teilnahme bzw. die Entscheidungsfreiheit, ob sich jemand einigen will oder nicht, auf Dauer ungeachtet, wächst das Risiko, dass erreichte Lösungen – weil nicht Folge eigener Entscheidungen – instabil sind und der Konflikt erneut ausbricht oder verlängert wird. Außerdem steigt die Wahrscheinlichkeit von Scheinakzeptanz bzw. Scheineinvernehmen, z. B. weil ein Elternteil „seine Ruhe“ haben will.

3. Da letztlich keine Entscheidungsstruktur, d. h. keine Handlungsalternative bleibt, kann das Gefühl, selbst über eigene Belange entscheiden zu können, gemindert werden. Da den Streitparteien Verantwortung abgenommen wird, ist die Bereitschaft geweckt, Verantwortung abzugeben. Das Anliegen, Eigenverantwortung zu mobilisieren, kann ins Gegenteil umschlagen. Bei einer fundierten Risikoabwägung muss zumindest als Paradoxon bewusst sein: Eltern sollen mehr Selbstverantwortung übernehmen, aber sie sollen das nicht selbstbestimmt tun.

4. Der Verzicht von Eltern auf autonome Konfliktlösung und ihre Entscheidung, die Verantwortung auf staatliche Institutionen (hier das Gericht) zu übertragen, kann auch Ausdruck von Verantwortungsbewusstsein sein und die eigenen Kompetenzen real abbilden.

5. Der Anspruch, über Zwangsberatung ressourcenorientiert zu arbeiten, kann deshalb ins Leere laufen, wenn die Ressourcen nicht ausreichend sind oder verweigert werden.

6. Der Anspruch, über Zwangsberatung belastungsvermeidend zu arbeiten, stimmt nur dann, wenn nicht die Unterordnung der Kindeseltern unter den Beratungszwang und die Folgen für das Kind die größere Belastung sind.

7. Je ausgeprägter das Pflichtelement der Beratung befürwortet wird, desto stärker wird meist auf interdisziplinäre und institutionenübergreifende Zusammenarbeit gesetzt. Dabei werden öfter die Vorteile solch kollektiver Beratungsinitiativen thematisiert als die Nachteile. Die Vorteile liegen auf der Hand, z. B. Koordination von Kompetenzen und Erfahrungsaustausch. Diese werden aber liquidiert, wenn jeder Beteiligte auch Entscheidungen außerhalb seiner Fachkompetenz treffen kann. Wechselseitige Kompetenzüberschreitung oder -vermischung ist dann verbunden mit der Gefahr des Dilettantismus.

8. Bezüglich der Arbeit des psychologischen Sachverständigen sichert die gesetzliche Fixierung eines auch interventiven und auf die Herstellung von Einvernehmen orientierten Auftrages des Gerichts die rechtliche Zulässigkeit einer Vorgehensweise, die teilweise auch bisher gerichtliche Praxis war und die der fachlich kompetente Sachverständige sowieso in seinem Repertoire hatte. Das Spannungsfeld von modifikationsorientierter Diagnostik und diagnostisch basierter Intervention ist der Bereich der Risikoabwägungen für den Sachverständigen und sein Handlungsraum (vgl. Balloff 2006; Dettenborn und Walter 2002; Salzgeber 2005).

Fazit: Ein Kontinuum vom vehementen Einigungsdruck bis hin zu gründlicher Entscheidungsfindung ohne Beratung tut sich auf als Feld der Risikoabwägung. Flexibles lösungsorientiertes Vorgehen bewegt sich in diesem Feld. Starres einseitiges Handhaben von Konzepten birgt die Gefahr sekundärer Kindeswohlschädigung.

Eine Entscheidung in problembeladenen Familiensachen ohne den Versuch intervenierender Hilfen ist genauso kontraindiziert wie eine deeskalierende Intervention als Selbstzweck ohne Entscheidung oder mit unnötig verzögerter Entscheidung. Beides kann mehr schaden als nutzen.

Beschleunigung. Die Beschleunigung des familiengerichtlichen Verfahrens ist ein sehr notwendiger Reflex auf die Realität, d. h. die durchschnittliche Dauer solcher Verfahren. Beschleunigungen gesetzlich zu fixieren, ist deshalb sinnvoll. Zugleich ist auch hier zu beachten, dass einseitiges Agieren zum Risiko werden kann. Sowohl schleppender Fortgang wie auch unangemessene Eile können kindeswohlschädlich sein. Insofern ist es sinnvoll, Vorteile und Nachteile eines „langen Gerichtsverfahrens“ zu erwägen (Balloff 2006, 290).

Wiederum eröffnet sich ein Feld der Risikoabwägung. Zu den Risiken unkontrollierter Beschleunigung und schneller Terminierung gehören instabile Einigungen oder die Zementierung belastender Umstände für das Kind, ferner vernachlässigte Erkundung des Kindeswillens oder der Bindungen. Auch lauert die Gefahr, dass die Annäherung der Streitparteien kompliziert oder verzögert wird oder die Konfliktinhalte verlagert werden.

Die Beratung ist ein wichtiger Taktgeber im Beschleunigungsablauf, regelbar durch Terminierung und Verordnung. Das berührt aber nicht die inhaltliche Effektivität, die die Beratung erst zur qualitativen Schaltstelle macht. Hier ist übereinstimmende Erkenntnis, dass die Erarbeitung tragfähiger Lösungen auch zeitintensiv sein kann, weshalb in jedem Einzelfall zu klären ist, welcher Zeitraum für eine Beratung erforderlich ist (Bundeskonferenz für Erziehungsberatung 2006, 154). Auch eine formale Aussetzung des Verfahrens zum Zwecke der Beratung kann sinnvoller sein als Beratung mit Zeitdruck (Willutzki 2006, 226). Müller (2006, 486) teilt aus seinen mehrjährigen Erfahrungen mit gerichtsnaher Trennungs- und Scheidungsberatung mit, „dass als Mindestanforderung von zehn Terminen ausgegangen werden kann, in schwierigsten Konstellationen jedoch bis zu 40 Termine erforderlich sind.“

Dabei spielt u. a. die Notwendigkeit eines Mindestmaßes an Verlaufsbeobachtung eine Rolle, die sich in der Sachverständigentätigkeit als Verlaufsdiagnostik gestaltet. Erst so wird es möglich, Veränderungen bspw. in der Kooperationsbereitschaft, im praktischen Kommunikations- und Kooperationsverhalten der Kindeseltern oder die Entwicklung der kindlichen Willensbildung zu registrieren und zu beeinflussen. Dies ist die Basis für eine fundierte Prognose, Modifikation und Intervention. Beschleunigung darf nicht dazu führen, dass der erste Eindruck bestimmend ist. Gründliche Arbeit kostet Zeit, kann aber letztlich eine stabile Lösung beschleunigen – die Dialektik der Alltagsbesorgnisse gilt auch für diese Profession.

Anhang: Relevante Rechtsnormen

BGB

§ 1626 Elterliche Sorge; Berücksichtigung der wachsenden Selbstständigkeit des Kindes

1. Die Eltern haben die Pflicht und das Recht, für das minderjährige Kind zu sorgen (elterliche Sorge). Die elterliche Sorge umfasst die Sorge für die Person des Kindes (Personensorge) und das Vermögen des Kindes (Vermögenssorge).
2. Bei der Pflege und Erziehung berücksichtigen die Eltern die wachsende Fähigkeit und das wachsende Bedürfnis des Kindes zu selbstständigem verantwortungsbewusstem Handeln. Sie besprechen mit dem Kind, soweit es nach dessen Entwicklungsstand angezeigt ist, Fragen der elterlichen Sorge und streben Einvernehmen an.
3. Zum Wohl des Kindes gehört in der Regel der Umgang mit beiden Elternteilen. Gleiches gilt für den Umgang mit anderen Personen, zu denen das Kind Bindungen besitzt, wenn ihre Aufrechterhaltung für seine Entwicklung förderlich ist.

§ 1631 Inhalt der Personensorge

1. Die Personensorge umfasst insbesondere die Pflicht und das Recht, das Kind zu pflegen, zu erziehen, zu beaufsichtigen und seinen Aufenthalt zu bestimmen.
2. Kinder haben ein Recht auf gewaltfreie Erziehung. Körperliche Bestrafungen, seelische Verletzungen und andere entwürdigende Maßnahmen sind unzulässig.
3. Das Familiengericht hat die Eltern auf Antrag bei der Ausübung der Personensorge in geeigneten Fällen zu unterstützen.

§ 1632 Herausgabe – Bestimmung des Umgangs – Wegnahme von Pflegeperson

1. Die Personensorge umfasst das Recht, die Herausgabe des Kindes von jedem zu verlangen, der es den Eltern oder einem Elternteil widerrechtlich vorenthält.
2. Die Personensorge umfasst ferner das Recht, den Umgang des Kindes auch mit Wirkung für und gegen Dritte zu bestimmen.
3. Über Streitigkeiten, die eine Angelegenheit nach Absatz 1 oder 2 betreffen, entscheidet das Familiengericht auf Antrag eines Elternteils.
4. Lebt das Kind seit längerer Zeit in Familienpflege und wollen die Eltern das Kind von der Pflegeperson wegnehmen, so kann das Familiengericht von Amts wegen oder auf Antrag der Pflegeperson anordnen, dass das Kind bei der Pflegeperson verbleibt, wenn und solange das Kindeswohl durch die Wegnahme gefährdet würde.

§ 1666 Gefährdung des Kindeswohls

1. Wird das körperliche, geistige oder seelische Wohl des Kindes oder sein Vermögen durch missbräuchliche Ausübung der elterlichen Sorge, durch Vernachlässigung des Kindes, durch unverschuldetes Versagen der Eltern oder durch das Verhalten eines Dritten gefährdet, so hat das Familiengericht, wenn die Eltern nicht gewillt oder nicht in der Lage sind, die Gefahr abzuwenden, die zur Abwendung der Gefahr erforderlichen Maßnahmen zu treffen.
2. In der Regel ist anzunehmen, dass das Vermögen des Kindes gefährdet ist, wenn der Inhaber der Vermögenssorge seine Unterhaltspflicht gegenüber dem Kind oder seine mit der Vermögenssorge verbundenen Pflichten verletzt oder Anordnungen des Gerichts, die sich auf die Vermögenssorge beziehen, nicht befolgt.
3. Das Gericht kann Erklärungen des Inhabers der elterlichen Sorge ersetzen.
4. In Angelegenheiten der Personensorge kann das Gericht auch Maßnahmen mit Wirkung gegen einen Dritten treffen.

§ 1671 Getrenntleben bei gemeinsamer elterlicher Sorge

1. Leben Eltern, denen die elterliche Sorge gemeinsam zusteht, nicht nur vorübergehend getrennt, so kann jeder Elternteil beantragen, dass ihm das Familiengericht die elterliche Sorge oder einen Teil der elterlichen Sorge allein überträgt.
2. Dem Antrag ist stattzugeben, soweit 1. der andere Elternteil zustimmt, es sei denn, dass das Kind das vierzehnte Lebensjahr vollendet hat und der Übertragung widerspricht, oder 2. zu erwarten ist, dass die Aufhebung der gemeinsamen Sorge und die Übertragung auf den Antragsteller dem Wohl des Kindes am besten entspricht.
3. Dem Antrag ist nicht stattzugeben, soweit die elterliche Sorge auf Grund anderer Vorschriften abweichend geregelt werden muss.

§ 1684 Umgang des Kindes mit den Eltern

1. Das Kind hat das Recht auf Umgang mit jedem Elternteil; jeder Elternteil ist zum Umgang mit dem Kind verpflichtet und berechtigt.
2. Die Eltern haben alles zu unterlassen, was das Verhältnis des Kindes zum jeweils anderen Elternteil beeinträchtigt oder die Erziehung erschwert. Entsprechendes gilt, wenn sich das Kind in der Obhut einer anderen Person befindet.
3. Das Familiengericht kann über den Umfang des Umgangsrechts entscheiden und seine Ausübung, auch gegenüber Dritten, näher regeln. Es kann die Beteiligten durch Anordnungen zur Erfüllung der in Absatz 2 geregelten Pflicht anhalten.
4. Das Familiengericht kann das Umgangsrecht oder den Vollzug früherer Entscheidungen über das Umgangsrecht einschränken oder ausschließen, soweit dies zum Wohl des Kindes erforderlich ist. Eine Entscheidung, die das Umgangsrecht oder seinen Vollzug für längere Zeit oder auf Dauer einschränkt oder ausschließt, kann nur ergehen, wenn andernfalls das Wohl des Kindes gefährdet wäre. Das Familiengericht kann insbesondere anordnen, dass der Umgang nur stattfinden darf, wenn ein mitwirkungsbereiter Dritter anwesend ist. Dritter kann auch ein Träger der Jugendhilfe oder ein Verein sein; dieser bestimmt dann jeweils, welche Einzelperson die Aufgabe wahrnimmt.

§ 1685 Umgang des Kindes mit anderen Bezugspersonen

1. Großeltern und Geschwister haben ein Recht auf Umgang mit dem Kind, wenn dieser dem Wohl des Kindes dient.
2. Gleiches gilt für enge Bezugspersonen des Kindes, wenn diese für das Kind tatsächliche Verantwortung tragen oder getragen haben (sozial-familiäre Beziehung). Eine Übernahme tatsächlicher Verantwortung ist in der Regel anzunehmen, wenn die Person mit dem Kind längere Zeit in häuslicher Gemeinschaft zusammengelebt hat.
3. § 1684 Abs. 2 bis 4 gilt entsprechend.

§ 1693 Verhinderung der Eltern

Sind die Eltern verhindert, die elterliche Sorge auszuüben, so hat das Familiengericht die im Interesse des Kindes erforderlichen Maßregeln zu treffen.

§ 1696 Änderung von Anordnungen des Vormundschafts- und Familiengerichts

1. Das Vormundschaftsgericht und das Familiengericht haben ihre Anordnungen zu ändern, wenn dies aus triftigen, das Wohl des Kindes nachhaltig berührenden Gründen angezeigt ist.
2. Maßnahmen nach den §§ 1666 bis 1667 sind aufzuheben, wenn eine Gefahr für das Wohl des Kindes nicht mehr besteht.
3. Länger dauernde Maßnahmen nach den §§ 1666 bis 1667 hat das Gericht in angemessenen Zeitabständen zu überprüfen.

§ 1697a Vorgaben für Gerichtsentscheidung

Soweit nicht anderes bestimmt ist, trifft das Gericht in Verfahren über die in diesem Titel geregelten Angelegenheiten diejenige Entscheidung, die unter Berücksichtigung der tatsächlichen Gegebenheiten und Möglichkeiten sowie der berechtigten Interessen der Beteiligten dem Wohl des Kindes am besten entspricht.

§ 1746 Einwilligung des Kindes

1. Zur Annahme ist die Einwilligung des Kindes erforderlich. Für ein Kind, das geschäftsunfähig oder noch nicht vierzehn Jahre alt ist, kann nur sein gesetzlicher Vertreter die Einwilligung erteilen. Im übrigen kann das Kind die Einwilligung nur selbst erteilen; es bedarf hierzu der Zustimmung seines gesetzlichen Vertreters. Die Einwilligung bedarf bei unterschiedlicher Staatsangehörigkeit des Annehmenden und des Kindes der Genehmigung des Vormundschaftsgerichts; dies gilt nicht, wenn die Annahme deutschem Recht unterliegt.
2. Hat das Kind das vierzehnte Lebensjahr vollendet und ist es nicht geschäftsunfähig, so kann es die Einwilligung bis zum Wirksamwerden des Ausspruchs der Annahme gegenüber dem Vormundschaftsgericht widerrufen. Der Widerruf bedarf der öffentlichen Beurkundung. Eine Zustimmung des gesetzlichen Vertreters ist nicht erforderlich.

SGB VIII

§ 1 Recht auf Erziehung, Elternverantwortung, Jugendhilfe

1. Jeder junge Mensch hat ein Recht auf Förderung seiner Entwicklung und auf Erziehung zu einer eigenverantwortlichen und gemeinschaftsfähigen Persönlichkeit.
2. Pflege und Erziehung der Kinder sind das natürliche Recht der Eltern und die zuvörderst ihnen obliegende Pflicht. Über ihre Betätigung wacht die staatliche Gemeinschaft.
3. Jugendhilfe soll zur Verwirklichung des Rechts nach Absatz 1 insbesondere
   1. junge Menschen in ihrer individuellen und sozialen Entwicklung fördern und dazu beitragen, Benachteiligungen zu vermeiden oder abzubauen,
   2. Eltern und andere Erziehungsberechtigte bei der Erziehung beraten und unterstützen,
   3. Kinder und Jugendliche vor Gefahren für ihr Wohl schützen,
   4. dazu beitragen, positive Lebensbedingungen für junge Menschen und ihre Familien sowie eine kinder- und familienfreundliche Umwelt zu erhalten oder zu schaffen.

§ 8a Abs. 1 Schutzauftrag bei Kindeswohlgefährdung

1. Werden dem Jugendamt gewichtige Anhaltspunkte für die Gefährdung des Wohls eines Kindes oder Jugendlichen bekannt, so hat es das Gefährdungsrisiko im Zusammenwirken mehrerer Fachkräfte abzuschätzen. Dabei sind die Personensorgeberechtigten sowie das Kind oder der Jugendliche einzubeziehen, soweit hierdurch der wirksame Schutz des Kindes oder des Jugendlichen nicht in Frage gestellt wird. Hält das Jugendamt zur Abwendung der Gefährdung die Gewährung von Hilfen für geeignet und notwendig, so hat es diese den Personensorgeberechtigten oder den Erziehungsberechtigten anzubieten.

§ 50 Mitwirkung in Verfahren vor den Vormundschafts- und den Familiengerichten

1. Das Jugendamt unterstützt das Vormundschaftsgericht und das Familiengericht bei allen Maßnahmen, die die Sorge für die Person von Kindern und Jugendlichen betreffen. Es hat in Verfahren vor dem Vormundschafts- und dem Familiengericht mitzuwirken, die in den §§ 49 und 49a des Gesetzes über die Angelegenheiten der freiwilligen Gerichtsbarkeit genannt sind.
2. Das Jugendamt unterrichtet insbesondere über angebotene und erbrachte Leistungen, bringt erzieherische und soziale Gesichtspunkte zur Entwicklung des Kindes oder des Jugendlichen ein und weist auf weitere Möglichkeiten der Hilfe hin.

FGG

§ 50 Pfleger für das Verfahren

1. Das Gericht kann dem minderjährigen Kind einen Pfleger für ein seine Person betreffendes Verfahren bestellen, soweit dies zur Wahrnehmung seiner Interessen erforderlich ist.
2. Die Bestellung ist in der Regel erforderlich, wenn
   1. das Interesse des Kindes zu dem seiner gesetzlichen Vertreter in erheblichem Gegensatz steht,
   2. Gegenstand des Verfahrens Maßnahmen wegen Gefährdung des

Kindeswohls sind, mit denen die Trennung des Kindes von seiner Familie oder die Entziehung der gesamten Personensorge verbunden ist (§§ 1666, 1666a des Bürgerlichen Gesetzbuchs), oder

3. Gegenstand des Verfahrens die Wegnahme des Kindes von der Pflegeperson (§ 1632 Abs. 4 des Bürgerlichen Gesetzbuchs) oder von dem Ehegatten oder Umgangsberechtigten (§ 1682 des Bürgerlichen Gesetzbuchs) ist. Sieht das Gericht in diesen Fällen von der Bestellung eines Pflegers für das Verfahren ab, so ist dies in der Entscheidung zu begründen, die die Person des Kindes betrifft.

3. Die Bestellung soll unterbleiben oder aufgehoben werden, wenn die Interessen des Kindes von einem Rechtsanwalt oder einem anderen geeigneten Verfahrensbevollmächtigten angemessen vertreten werden.
4. Die Bestellung endet, sofern sie nicht vorher aufgehoben wird,
   1. mit der Rechtskraft der das Verfahren abschließenden Entscheidung oder
   2. mit dem sonstigen Abschluss des Verfahrens.
5. Der Ersatz von Aufwendungen und die Vergütung des Pflegers bestimmen sich entsprechend § 67 Abs. 3.

§ 50b Persönliche Anhörung des Kindes oder des Mündels im Sorgerechtsverfahren

1. Das Gericht hört in einem Verfahren, das die Personen- oder Vermögenssorge betrifft, das Kind persönlich an, wenn die Neigungen, Bindungen oder der Wille des Kindes für die Entscheidung von Bedeutung sind oder wenn es zur Feststellung des Sachverhalts angezeigt erscheint, dass sich das Gericht von dem Kind einen unmittelbaren Eindruck verschafft.
2. Hat ein Kind das vierzehnte Lebensjahr vollendet und ist es nicht geschäftsunfähig, so hört das Gericht in einem Verfahren, das die Personensorge betrifft, das Kind stets persönlich an. In vermögensrechtlichen Angelegenheiten soll das Kind persönlich angehört werden, wenn dies nach der Art der Angelegenheit angezeigt erscheint. Bei der Anhörung soll das Kind, soweit nicht Nachteile für seine Entwicklung oder Erziehung zu befürchten

sind, über den Gegenstand und möglichen Ausgang des Verfahrens in geeigneter Weise unterrichtet werden; ihm ist Gelegenheit zur Äußerung zu geben.

3. In den Fällen des Absatzes 1 und des Absatzes 2 Satz 1 darf das Gericht von der Anhörung nur aus schwer wiegenden Gründen absehen. Unterbleibt die Anhörung allein wegen Gefahr im Verzug, so ist sie unverzüglich nachzuholen.

Die Absätze 1 bis 3 gelten für Mündel entsprechend.

Literatur

Abramson, L. Y.; Seligman, M. E. P.; Teasdale, J. D. (1978): Learned helplessness in humans. Critique and reformulation. Journal of Abnormal Psychology, 87, 49–74

Antonowsky, A. (1979): Health, stress and coping. San Francisco, Jossey-Bass

– (1997): Salutogenese. Zur Entmystifizierung der Gesundheit. Tübingen, dgtv-Verlag

Arntzen, F. (1994): Elterliche Sorge und Umgang mit Kindern. München, Beck

Astington, J. W. (2000): Wie Kinder das Denken entdecken. München/Basel, Reinhardt

–; Harris, P. L.; Olson, D. R. (Eds.) (1988): Developing theories of mind. New York, Cambridge University Press

Bains, G. (1983): Explanations and the need for control. In Hewstone, M. (Ed.): Attribution theory (p. 136–151). Oxford, Blackwell

Balloff, R. (1997): Die Beteiligung und Mitwirkung von Kindern und Jugendlichen in familienrechtlichen Verfahren. Praxis der Rechtspsychologie, 7, 22–29

– (1999): Die Stellungnahme des Verfahrenspflegers. Familie Partnerschaft Recht, 5(6), 341–348

– (2000): Verfahrenspflegschaft und Sachverständigentätigkeit. Gemeinsamkeiten und Unterschiede. Praxis der Rechtspsychologie, 10(1), 99–104

– (2002): Kindeswille, Grundbedürfnisse des Kindes und Kindeswohl in Umgangsrechtsfragen. Familie, Partnerschaft, Recht, 8, 240–245

– (2004): Kinder vor dem Familiengericht. München/Basel, Ernst Reinhardt

– (2006): § 165 FamFG-Entwurf. Zeitschrift für Kindschaftsrecht und Jugendhilfe, 6, 289–293

–; Koritz, N. (2005): Handreichung für Verfahrenspfleger. Rechtliche und psychologische Grundlagen in der Verfahrenspflegschaft. Stuttgart, Kohlhammer

Bandura, A. (1977): Self-efficy. Towards unifying theory of behavioral change. Psychological Review, 84(2), 191–215

– (1986): Social foundations of thought and action. A social cognitive theory. New York, Prentice-Hall

Beck-Gernsheim, E. (1994): Auf dem Weg in die postfamiliale Familie. Von der Notgemeinschaft zur Wahlverwandtschaft. Aus Politik und Zeitgeschichte. Beilage zur Wochenzeitung Das Parlament, 29/30, 3–14

Beelmann, W.; Schmidt-Denter, U. (1991): Kindliches Erleben sozial-emotionaler Beziehungen und Unterstützungssysteme in Ein-Elternteil-Familien. Psychologie in Erziehung und Unterricht, 38, 180–189

Berkel, K. (1990): Konflikttraining. Heidelberg, Sauer

Bierbrauer, G. (1989): Rezension zu Kette, G. (1987): Rechtsspychologie. Zeitschrift für Sozialpsychologie, 254–258

Bischof-Köhler, D. (1996): Zusammenhänge zwischen kognitiver, motivationaler und emotionaler Entwicklung in der frühen Kindheit und im Vorschulalter. In Keller, H. (Hrsg.): Entwicklungspsychologie (S. 319–376). Bern, Huber

– (2000): Kinder auf Zeitreise. Theory of Mind, Zeitverständnis und Handlungsorganisation. Bern, Hans Huber

Blankenburg, E. (1980): Mobilisierung von Recht. Zeitschrift für Rechtssoziologie, 1(1), 33–52

–; Gottwald, W.; Strempel, D. (Hrsg.) (1982): Alternativen in der Ziviljustiz. Köln, Bundesanzeiger

Bodenmann, G. (2003): Die Bedeutung von Stress für die Familienentwicklung. In Rollet, B.; Werneck, H. (Hrsg.): Klinische Entwicklungspsychologie der Familie. Göttingen, Hogrefe, 243–265

– (2005): Beziehungskrisen. Bern, Hans Huber

Booth, A.; Amato, P. R. (2001): Parental predivorce relations and offspring. Postdivorce well-being. Journal of Marriage and Family, 63, 197–212

Bowlby, J. (1969): Attachement and loss. In: Attachement, Vol. 1. New York, Basic Books

– (1986): Bindung. Eine Analyse der Mutter-Kind-Bindung. Frankfurt/M., Fischer

– (1995): Bindung. Historische Wurzeln, theoretische Konzepte und klinische Relevanz. In Spangler, G.; Zimmermann, P. (Hrsg.) 1995, 17–27

Brähler, E.; Klaiberg, A.; Schumacher, J. (2003): Diagnostische Verfahren zu Lebensqualität und Wohlbefinden. Göttingen, Hogrefe

Breidenbach, S. (1995): Mediation. Köln, Schmidt

– (1997): Mediation. Komplementäre Konfliktbehandlung durch Vermittlung. Anwaltsblatt, 47(3), 135–138

Brisch, K. H. (1999): Bindungsstörungen. Stuttgart, Klett-Cotta

Bronfenbrenner, U. (1981): Die Ökologie der menschlichen Entwicklung. Stuttgart, Klett

Bruch, C. S. (2002): Parental Alienation Syndrome and Parental Alienation: Wie man sich in Sorgerechtsfällen irren kann. Zeitschrift für das gesamte Familienrecht, 49(19), 1304–2315

Büte, D. (2006): Aktuelle Rechtsprechung zum Sorge- und Umgangsrecht. Zeitschrift für Kindschaftsrecht und Jugendhilfe, 9, 410–412

Bundeskonferenz für Erziehungsberatung (2006): Stellungnahme zur FGG-Reform. Zeitschrift für Kindschaftsrecht und Jugendhilfe, 3, 154–155

Byrne, R.; Whiten, A. (1988): Machiavellian intelligence. Social expertise and the evolutions of intellect in monkeys, apes and humans. Oxford, Clarendon Press

Carpenter, M.; Call, J.; Tomasello, M. (2003): Understanding „prior Intentions“ enables two-year-old children to imitatively learn a complex task. Child Development, 73, 1431–1441

Carson, D.; Bull, R. (1995): Psychology in legal contexts. Idealism and realism. In Bull, R.; Carson, D. (Eds.): Handbook of Psychology in Legal Contexts. Chichester, John Wiley

DeCharms, R. (1968): Personal causation. New York, Academic Press

Dettenborn, H. (1996): Zwischen Bindung und Trennung – die Kindesherausgabe aus psychologischer Sicht. Familie Partnerschaft Recht, 2(2), 76–87

– (2000): Zum Verhältnis von außergerichtlicher und gerichtlicher Behandlung familiärer Konflikte. Praxis der Rechtspsychologie, 10, 32–47

– (2002): Rezension zu Gardner, R. A. (2002): Das Elterliche Entfremdungssyndrom (Parental Alienation Syndrom/PAS). Anregungen für gerichtliche Sorge- und Umgangsregelungen. Eine empirische Untersuchung. Berlin, Verlag für Wissenschaft und Bildung. Zeitschrift für das gesamte Familienrecht, 49(19), 1320

– (2003): Die Beurteilung der Kindeswohlgefährdung als Risikoentscheidung. Familie Partnerschaft Recht, 9(6), 293–299

– (2005): Psychische Kindesmisshandlung. Praxis der Rechtspsychologie, 15(2), 345–356

–; Boehnke, K. (1994): The relationship of socio-cognitive oversimplification and the social behavior of adolescents. Educational Psychology, 14, 385–402

–; Fröhlich, H.-H.; Szewczyk, H. (1989): Forensische Psychologie. Berlin, VEB Deutscher Verlag der Wissenschaften

Dettenborn, H.; Walter, E. (2002). Familienrechtspsychologie. München/Basel, Ernst Reinhardt

Deusinger, I. M. (Hrsg) (2002): Wohlbefinden bei Kindern, Jugendlichen und Erwachsenen. Göttingen, Hogrefe

Diederichsen, U. (2000): Verwandtschaft. In: Palandt Bürgerliches Gesetzbuch (S. 1611–1798). München, Beck

Diedrick, P. (1991): Divorce research. A review of literatur. Journal of Divorce & Remarriage, 15, 42–71

Dilling, H., Mombour, W., Schmidt, M. H. (1993): Weltgesundheitsorganisation. Internationale Klassifikation psychischer Störungen. ICD-10, Kapitel V (F). Klinisch-diagnostische Leitlinien. Bern, Huber

Dornes, M. (2006): Die Seele des Kindes. Entstehung und Entwicklung. Frankfurt a. M., Fischer

Ehrlich, E. (1913): Grundlegung der Soziologie des Rechts. München Leipzig, Duncker & Humblot

Ell, E. (1990): Psychologische Kriterien bei der Sorgerechtsregelung und Diagnostik der emotionalen Beziehungen. Weinheim, Deutscher Studienverlag

Festinger, L. (1957): Theory of cognitive dissonance. Stanford, University Press

Figdor, H. (1998). Scheidungskinder. Wege der Hilfe. Gießen, Psychosozial-Verlag

Filipp, S. H. (Hrsg.) (1981): Kritische Lebensereignisse. München, Urban u. Schwarzenberg

Fischer, U. (2000): Umgangsrecht und falsch verstandenes Wohlverhaltensgebot. FamilienRecht-Zeitung, 10, 592–596

Flammer, A. (1990): Erfahrung der eigenen Wirksamkeit. Einführung in die Psychologie der Kontrollmeinung. Bern, Huber

Folkman, S.; Lazarus, R. (1980): Analysis of coping in a middle-aged sample. Journal of Health and Social Behavior, 21, 219–239

– (1984): Personal control and stress and coping processes: A theoretical analysis. Journal of Personality and Social Psychology, 46, 839–852

Frey, E. (2000): Vom Programm zur Metapher. Den Bedürfnissen der Kinder im Trennungs- und Scheidungsprozess ihrer Eltern gerecht werden. Praxis der Kinderpsychologie und Kinderpsychiatrie, 49, 109–126

Friedreich, J. B. (1835): Systematisches Handbuch der gerichtlichen Psychologie für Medicinalbeamte, Richter und Vertheidiger. Leipzig, Wiegand

Gardner, R. A. (1992): The Parental-Alienation-Syndrom. A guide for mental and legal professionals. Creskill/NJ, Creative Therapeutics Inc.

– (2002): Das Elterliche Entfremdungssyndrom (Parental Alienation Syndrom/PAS). Anregungen für gerichtliche Sorge- und Umgangsregelungen. Eine empirische Untersuchung. Berlin, Verlag für Wissenschaft und Bildung

Gernhuber, J.; Coester-Waltjen, D. (2006): Familienrecht. München, Beck

Glasl, F. (1980): Konfliktmanagement. Stuttgart, Haupt

Goldstein, J.; Freud, A.; Solnit, A. J. (1991): Jenseits des Kindeswohls. Frankfurt a. M., Suhrkamp

Gollwitzer, P. M.; Malzacher, J. T. (1996): Absichten und Vorsätze. In Kuhl, J.; Heckhausen, H. (Hrsg.): Motivation, Volition und Handlung (S. 427–468). Göttingen, Hogrefe

Grossmann, K.; Grossmann, K. E. (2004): Bindungen. Das Gefüge psychischer Sicherheit (Attachment. The composition of psychological security). Stuttgart, Klett-Cotta.

Grossmann, K. E.; Becker-Stoll, F.; Grossmann, K.; Kindler, H.; Maier, M.; Scheuerer-Englisch, H.; Schieche, M.; Spangler, G.; Stöcker, K.; Suess, G.; Wensauer, M.; Zimmermann, P. (2003): Die Bindungstheorie: Modell, entwicklungspsychologische Forschung und Ergebnisse. In Keller, H. (Hrsg.): Handbuch der Kleinkindforschung. Bern, Hans Huber, 223–282

Gütthof, F. (2004): Begleiteter Umgang als ein Instrument zur Umsetzung rechtlicher Regelungen des Kindschaftsrechts. In Klinkhammer, M.; Klotmann, U.; Prinz, S.: Handbuch Begleiteter Umgang. Köln, Bundesanzeiger, 57–72

Hala, S.; Chandler, M. J.; Fritz, A. S. (1991): Fledgling theories of mind. Deception as a marker of three-year olds understanding of false belief. Child Development, 62, 83–97

Harner, L. (1982): Talking about the past and the future. In Friedman, W. J. (Ed.): The developmental psychology of time (p. 141–169). New York, Academic Press

Harris, P. L. (1992): Das Kind und die Gefühle. Wie sich das Verständnis für die anderen Menschen entwickelt. Bern, Huber

Hassler, M. (2007): Konflikte im Alltag. Von der Unvermeidbarkeit und dem Umgang mit Konflikten. Hamburg, Merus

Havighurst, R. J. (1953): Human development and education. New York, McKay

Heckhausen, J.; Heckhausen, H. (2005): Motivation und Handeln. Berlin, Springer

Heilmann, S. (1998): Kindliches Zeitempfinden und Verfahrensrecht. Neuwied, Luchterhand

Hetherington, E. M.; Kelly, J. (2003): Scheidung. Die Perspektiven der Kinder. Weinheim, Beltz

Hofer, M.; Klein-Allermann, E.; Noack, P. (1992): Familienbeziehungen. Eltern und Kinder in der Entwicklung. Göttingen, Hogrefe

Hoffbauer, J. C. (1808): Die Psychologie in ihren Hauptanwendungen auf die Rechtspflege nach den allgemeinen Gesichtspunkten der Gesetzgebung oder sogenannte gerichtliche Arzneywissenschaft nach ihrem psychologischen Theile. Halle, Schimmelpfennig

Hoffmann-Riem, C. (1998): Mediation als moderner Weg zur Konfliktbewältigung. In Brand, J.; Strempel, D. (Hrsg.): Soziologie des Rechts. Festschrift für Erhard Blankenburg (S. 649–658). Baden-Baden, Nomos

Hoffrage, U. (1993): Die Illusion der Sicherheit bei Entscheidungen unter Unsicherheit. In Hell, W.; Fiedler, K.; Gigerenzer, G. (Hrsg.): Kognitive Täuschung (S. 73–97). Heidelberg, Spektrum

Hommers, W. (Hrsg.) (1991): Zum Gegenstand der Rechtspsychologie. Göttingen, Hogrefe

– (2004): Kindeswohl. Praxis der Rechtspsychologie, 14(2), 277–285

Jagemann, L. H. F. v. (1838): Handbuch der gerichtlichen Untersuchungskunde. Frankfurt/M., Kettembeil

Johannsen, K. H.; Henrich, D. (Hrsg.) (1998): Eherecht. Scheidung, Trennung, Folgen. München, Beck

Jopt, U. (2002): Die Trennungsfamilie – Eine systemische Betrachtung. In

Bergmann, E.; Jopt, U.; Rexilius, G. (Hrsg.): Lösungsorientierte Arbeit im Familienrecht. Intervention bei Trennung und Scheidung. Köln, Bundesanzeiger, 51–76

–; Behrend, K. (2000a): Das Parental Alienation Syndrome (PAS). Ein Zwei-Phasen-Modell (Teil 1). Zeitschrift für Jugendrecht, 87, 223–231

–; – (2000b): Das Parental Alienation Syndrome (PAS). Ein Zwei-Phasen-Modell (Teil 2). Zeitschrift für Jugendrecht, 87, 258–271

Kanning, U. P. (1999): Psychologie der Personenbeurteilung. Göttingen, Hogrefe

Karpel, M. A. & Strauss, E. S. (1983): Family evaluation. New York: Gardner

Kavsek, M. J. (1992): Alltagsbewältigung im Jugendalter. Hamburg, Kovac

Keiser, C. (1998): Das Kindeswohl im Strafverfahren. Frankfurt a. M., Lang

Kette, G. (1987): Rechtspsychologie. Wien New York, Springer

Kindler, H.; Lillig, S.; Blüml, H.; Meysen, T.; Werner, A. (Hrsg.): Handbuch Kindeswohlgefährdung nach § 1666 BGB und Allgemeiner Sozialer Dienst (ASD). München, Deutsches Jugendinstitut e. V.

Klenner, W. (2006): Essay über die Emanzipation des Kindes im Familienrechtsverfahren. Zeitschrift für Kindschaftsrecht und Jugendhilfe, 1, 8–11

Kluck, M.-L. (1995): Die Angst des Richters vor der Anhörung des Kindes bei streitigen Verfahren zum Umgangsrecht – und wie er sie überwinden kann. Familie Partnerschaft Recht, 1(4), 90–93

Klußmann, R. W., Stötzel, B. (1995): Das Kind im Rechtsstreit der Erwachsenen. München/Basel, Ernst Reinhardt

Kodjoe, U.; Koeppel, P. (1998a): The Parental-Alienation-Syndrom. Der Amtsvormund, 71(26), 9–18

–; – (1998b): Früherkennung von PAS. Möglichkeiten psychologischer und rechtlicher Interventionen. Kindschaftsrechtliche Praxis, 1, 138–143

Kohlberg, L. (1974): Zur kognitiven Entwicklung des Kindes. Frankfurt a. M., Suhrkamp

König, R. (1974): Die Familie der Gegenwart. München, Beck

Köster, T. (1997): Sorgerecht und Kindeswohl. Ein Vorschlag zur Neuregelung des Sorgerechts. Frankfurt a. M., Lang

Kowerk, H. (1988): Das forensische, jugendpsychiatrische und das vollzugspsychologische Gutachten als systematische Intervention. Kriminalpädagogische Praxis, 16(28), 36–44

Krafft-Ebbing, R. V. (1872): Grundzüge der Criminalpsychologie auf Grund des geltenden Strafgesetzbuches für Ärzte und Juristen. Erlangen

Kuhl, J. (2001): Motivation und Persönlichkeit. Göttingen, Hogrefe

L'Abate, L. (1993): Family psychology. Washington, University Press of America

Langer, E. J. (1975): The illusion of control. Journal of Personality and Social Psychology, 32, 311–328

Lazarus, R. S. (1966): Psychological stress and the coping processes. New York, McGraw-Hill

–; Launier, R. (1981): Stressbezogene Transaktionen zwischen Person und Umwelt. In Nitsch, J. (Hrsg.): Stress (S. 213–259). Bern, Huber

–; Folkman, S. (1984): Stress, appraisal, and coping. New York, Springer

– (1990): Stress und Stressbewältigung. Ein Paradigma. In Filipp, H. S. (Hrsg.): Kritische Lebensereignisse (S. 198–232). München, Psychologie Verlags Union

Lehmkuhl, U.; Lehmkuhl, G. (1999): Wie ernst nehmen wir den Kindeswillen? Kindschaftsrechtliche Praxis, 2(5), 159–161

Lempp, R. (1983): Gerichtliche Kinder- und Jugendpsychiatrie. Bern, Huber

Lewin, K. (1953): Die Lösung sozialer Konflikte. Bad Nauheim, Christian

Leyens, J.-P.; Dardenne, B. (1996): Soziale Kognition. Ansätze und Grundbegriffe. In Stroebe, W.; Hewslone, M.; Stephenson, G. M. (Hrsg.): Sozialpsychologie. Eine Einführung (S. 115–142). Berlin, Springer

Limbach, J. (1998): Richtiges Familienrecht (Festvortrag). In: Zwölfter Familiengerichtstag vom 24.–27.9.1997 in Brühl (Hrsg.). Brühler Schriften zum Familienrecht, Band 10 (S. 16–25). Bielefeld, Giesecke

Lösel, F.; Bender, D. (2000): Rechtspsychologie. In Straub, J.; Kochinka, A.; Werbik, H. (Hrsg.): Psychologie in der Praxis (S. 581–629). München, dtv

Lückert, H. R. (1957): Konfliktpsychologie. München/Basel, Ernst Reinhardt

Maslow, A. H. (1954): Motivation and personality. New York, Harper

Menne, M. (2006): Die Verabschiedung vom Kind und das Abschlussgespräch des Verfahrenspflegers bei Beendigung seiner Tätigkeit. Zeitschrift für Kindschaftsrecht und Jugendhilfe, 7/8, 352–353

Mitchell, S.; Lacohée, H. (1991): Childrens early unterstanding of false belief. Cognition, 39, 107–127

Mittermaier, K. J. A. (1834): Die Lehre vom Beweise im Deutschen Strafprozeß. Darmstadt

Moritz, H. P. (1989): Die (zivil-)rechtliche Stellung der Minderjährigen und Heranwachsenden innerhalb und außerhalb der Familie. Berlin, Springer

Müller, P.-G. (2006): Kindeswohl und Kindeswille als Maßstab und Wegweiser. Zeitschrift für Kindschaftsrecht und Jugendhilfe, 11, 483–487

Münder, J. (2000a): Familien- und Jugendhilferecht. Eine sozialwissenschaftlich orientierte Einführung. Bd. 1: Familienrecht. Neuwied, Luchterhand

– (2000b): Familien- und Jugendhilferecht. Eine sozialwissenschaftlich orientierte Einführung. Bd. 2: Kinder- und Jugendhilferecht. Neuwied, Luchterhand

– u. a. (2006): Frankfurter Kommentar zum SGB VIII. Kinder- und Jugendhilfe. Weinheim, Juventa

Palandt, O. (2007): Bürgerliches Gesetzbuch. Becksche Kurzkommentare. Bd. 7, 66. Aufl. München, Beck

Perner, J. (1998): Memory and Theory of Mind. In Tulving, E.; Craik, F. M. (Eds.): The Oxford Handbook of Memory. New York, Universität of Oxford Press, 132–139

– Leekam, S. R. (1986): Belief and quantity. Three years olds adaption to listeners knowledge. Journal of Child Language, 13, 305–317

Perner, J. (1991): Understanding the representational mind. Cambridge/ Mass., Bradford Book MIT-Press

Peschel-Gutzeit, L. M. (1989): Das Recht zum Umgang mit dem eigenen Kinde. Berlin, Schweitzer

Petermann, F.; Kusch, M.; Niebank, K. (1998): Entwicklungspsychopathologie. Ein Lehrbuch. Weinheim, Beltz

Petri, H. (1991): Scheidungskinder im gesellschaftlichen Umbruch. Über Haß und Versöhnung nach der Trennung. Familiendynamik, 16, 351–374

Pettit, E. J.; Bloom, B. L. (1984): Whose decision was it? The effects of initiator status on adjustment to marital disruption. Journal of Marriage and the Family, 8, 587–595

Petzold, H. G. (Hrsg.) (2001): Wille und Wollen. Psychologische Modelle und Konzepte. Göttingen, Vandenhoeck & Ruprecht

Petzold, M. (1992): Familienentwicklungspsychologie. München, Quintessenz

Piaget, J. (1955): Die Entwicklung des Zeitbegriffs beim Kinde. Zürich, Rascher

– (1978): Das Weltbild des Kindes. Stuttgart: Klett

– (1983): Das moralische Urteil beim Kinde. München, dtv

Plewig, H.-J. (1994): Das „Kindeswohl". Grenzen der Sozialdisziplinierung durch Kinderrechte. In Steindorf, C. (Hrsg.) 1994

Proksch, R. (2000): Zum Verhältnis von außergerichtlicher und gerichtlicher Behandlung familiärer Konflikte. Praxis der Rechtspsychologie, 10, 5–31

Putkammer, S. von (2000): Soziale Familien zwischen Wunsch und Wirklichkeit. Kindschaftsrechtliche Praxis, 3, 52–53

Rakoczy, J.; Tomasello, M.; Striano, T. (2004): Young children know that trying is not pretending – A test of a „belief-as-if" construal of children's early concept of „pretense". Development Psychology, 33, 12–21

Reason, J. (1994): Menschliches Versagen. Heidelberg, Spektrum

Regnet, E. (2007): Konflikt und Kooperation. Göttingen, Hogrefe.

Remschmidt, H. (1978): Das Wohl des Kindes aus ärztlicher Sicht. Zeitschrift für Kinder- und Jugendpsychiatrie, 6, 409–428

Resch, F. (1996): Entwicklungspsychopathologie des Kindes- und Jugendalters. Weinheim, Beltz

–; Möhler, E. (2004): Die Bedeutung des abwesenden Elternteils für das Kind. Familie Partnerschaft Recht, 10(2), 56–60

Rexilius, G. (1999): Kindeswohl und PAS. Kindschaftsrechtliche Praxis, 2(5), 149–159

Rohmann, J. A. (1998): Zum Spannungsfeld von Diagnostik und Modifikation beim familienpsychologischen Gutachten. Praxis der Rechtspsychologie, 8(2), 218–232
– (2002): Der Umgang(sstreit) aus der Sicht des Kindes. Forum Familien- und Erbrecht, 1, 8–16
– (2005): Feindselige Ablehnung eines Elternteils und elterliche erzieherische Verantwortung. Teil 1. KindPrax, 5, 162–167
Rossiter, A. B. (1991): Initiatorstatus and separation adjustment. Journal of Divorce & Remarriage, 15, 141–155
Rotter, J. B. (1966): Generalized expectancies for internal versus external control of reinforcement. Psychological Monograph, 80, 18–30
Rudolf, G. (2000): Psychotherapeutische Medizin und Psychosomatik. Stuttgart, Thieme

Salgo, L. (1999): Die Implementierung der Verfahrenspflegschaft (§ 50 FGG). Familie Partnerschaft Recht, 5(6), 313–320
– (2005): Grenzen der Staatsintervention zur Durchsetzung des Umgangsrechts. In Hofer, S.; Klippel, D.; Walter, U. (Hrsg.). Perspektiven des Familienrechts – Festschrift für Dieter Schwab. Bielefeld, Gieseking, 891–910
– (2006): § 8a SGB VIII. Anmerkungen und Überlegungen zur Vorgeschichte und zu den Konsequenzen der Gesetzesänderung. Teil 1. Zeitschrift für Kindschaftsrecht und Jugendhilfe, 12, 531–535
Salzgeber, J. (2003): Rezension zu Gardner, R. A. (2002): Das Elterliche Entfremdungssyndrom (Parental Alienation Syndrom/PAS). Anregungen für gerichtliche Sorge- und Umgangsregelungen. Eine empirische Untersuchung. Berlin, Verlag für Wissenschaft und Bildung. Familie Partnerschaft Recht, 8(6), 258
– (2005): Familienpsychologische Gutachten. München, Beck
–; Stadler, M. (1998): Beziehung contra Erziehung. Kritische Anmerkungen zur aktuellen Rezeption von PAS. Kindschaftsrechtliche Praxis, 1(6), 167–170
–; –; Schmidt, S. M.; Partale, C. (1999): Umgangsprobleme. Ursachen des Kontaktabbruchs durch das Kind jenseits des Parental Alienation Syndrome. Kindschaftsrechtliche Praxis, 2, 107–111
Schank, R.; Abelson, R. P. (1977): Scripts, plans, goals and understanding. Hillsdale/NJ, Erlbaum
Schaumann, J. (1792): Ideen zu einer Criminalpsychologie. Halle
Schneewind, K. A. (1997): Das Profil der Familienpsychologie in Deutschland. Bestandsaufnahme der letzten 10 Jahre. Psychologie in Erziehung und Unterricht, 44, 243–255
– (2006): Familienpsychologie. Stuttgart, Kohlhammer
– (Hrsg.) (2000): Familienpsychologie im Aufwind. Brückenschläge zwischen Forschung und Praxis (Vorwort u. S. 19–30). Göttingen, Hogrefe
Schneider, W.; Büttner, G. (1995): Entwicklung des Gedächtnisses. In Oerter, R.; Montada, L. (Hrsg.) 1995, 654–704

Schroder, H. M.; Driver, M. J.; Streufert, S. (1975): Menschliche Informationsverarbeitung. Weinheim, Beltz
Schulz von Thun, F. (1994): Miteinander reden. Störungen und Klärungen. Reinbek, Rowohlt
Schwab, D. (1999): Familienrecht. München, Beck
– (2007): Familie und Staat. Zeitschrift für das gesamte Familienrecht, 54(1), 1–7
Seligman, M. E. P. (1986): Erlernte Hilflosigkeit. München, Psychologie Verlags Union
Selman, R. L. (1984): Die Entwicklung des sozialen Verstehens. Entwicklungspsychologische und klinische Untersuchungen. Frankfurt a. M., Suhrkamp
Shultz, T. R. (1980): Development of the concept of intention. In Collins, W. A. (Ed.): Minnesota Symposium on Child Psychology, Vol. 13, p. 131–164. Hillsdale/NJ, Erlbaum
–; Wells, D. & Sarda, M. (1980): Development of the ability to distinguish intended actions from mistakes, reflexes, and passive movements. British Journal of Social and Clinical Psychology, 19, 301–310
Siegler, R. S. (1996): Emerging minds. The process of change in childrens thinking. New York, Oxford University Press
Silbereisen, R. K. (1995): Soziale Kognition. Entwicklung von sozialem Wissen und Verstehen. In Oerter, R.; Montada, L. (Hrsg.) 1995, 823–861
Sodian, B. (1996): Theorien der kognitiven Entwicklung. In Keller, H. (Hrsg.): Entwicklungspsychologie (S. 147–170). Bern, Huber
–; Thoermer, C. (2006): Theory of Mind. In Schneider (Hrsg.): Enzyklopädie der Psychologie. Themenbereich C: Theorie und Forschung. Serie V: Entwicklingspsychologie. Band 2: Kognitive Entwicklung, 495–608
Spangenberg, B.; Spangenberg, E. (1994): Umgang mit dem „Nein". Vermittlung des Umganges gegen den ausgesprochenen Willen des sorgeberechtigten Elternteils. Zeitschrift für Jugendrecht, 81(11), 458–461
Spangler, G. (2003): Beiträge der Bindungsforschung zur Situation von Kindern aus Trennungs- und Scheidungsfamilien. Praxis der Rechtspsychologie, 13, Sonderheft 1, 76–90
–; Zimmermann, P. (1999): Bindung und Anpassung im Lebenslauf. Erklärungsansätze und empirische Grundlagen für Entwicklungsprognosen. In Oerter, R.; Hagen, C. v.; Röper, G.; Noam, G. (Hrsg.): Klinische Entwicklungspsychologie (S. 170–194). Weinheim, Beltz
–; Grossmann, K.; Grossmann, K. E.; Fremmer-Bombik, E. (2000): Individuelle und soziale Grundlagen von Bindungssicherheit und Bindungsorganisation. Psychologie in Erziehung und Unterricht, 47, 203–220
Spindler, M.; Klarer, K. (2006): Die optimale Umgangsregelung bei hoch strittiger Trennung und Scheidung. Zeitschrift für Kindschaftsrecht und Jugendhilfe, 1, 12–18
Stadler, M.; Salzgeber, J. (1999): Parental Alienation Syndrom (PAS). Alter Wein in neuen Schläuchen. Familie Partnerschaft Recht, 2(4), 231–235

Steindorff, C. (Hrsg.) (1994): Vom Kindeswohl zu den Kindesrechten. Neuwied, Luchterhand
Steller, M. (1989): Forensische Psychologie. Psychotechnik oder Angewandte Wissenschaft? In Dörner, D.; Michaelis, W. (Hrsg.): Idola fori et idola theatri. Festschrift H. Wegener (S. 219–241). Göttingen, Hogrefe
Stötzel, M. (2005): Wie erlebt das Kind die Verfahrenspflegschaft? Studie zum Qualitätsstand der Institution Verfahrenspflegschaft (gemäß § 50 FGG) unter Berücksichtigung der Perspektive des Kindes. Herbolzheim, Centaurus
Strecker, C. (2000): Zwischen Autorität und Anbiederung. Verhandlungsleitung, Anhörung, Fragetechniken. Familie Partnerschaft Recht, 6(3), 129–133
Strempel, D. (1998): Vom Entscheiden zum Verhandeln. Ein Paradigmenwechsel juristischer Methodik. Familie Partnerschaft Recht, 4(5), 248–252
Suess, G.; Fegert, J. M. (1999): Das Wohl des Kindes in der Beratung aus entwicklungspsychologischer Sicht. Familie Partnerschaft Recht, 5(3), 157–164

Thomae, H. (1974): Konflikt, Entscheidung, Verantwortung. Stuttgart, Kohlhammer
Thompson, S. C. (1981): Will it hurt less if I can control it? A complex answer to a simple question. Psychological Bulletin, 90, 89–101

Ulrich, U. (2000): „Aktives Zuhören“. Eine Methode zur professionellen Gesprächsführung. Familie Partnerschaft Recht, 6(3), 133–138
Undeutsch, U. (1967): Beurteilung der Glaubhaftigkeit von Aussagen. In Undeutsch, U. (Hrsg.): Handbuch der Psychologie. Bd. 11: Forensische Psychologie (S. 26–181). Göttingen, Hogrefe
United Nations Organization UNO (1990): UN-Kinderkonvention (Bd. 769/90). Bonn, BR-Drucksache

Vergho, C. (2004): Mögliche Hintergründe für die Kontaktverweigerung von Kindern einem Elternteil gegenüber. In Klinkhammer, M.; Klotmann, U.; Prinz, S.: Handbuch Begleiteter Umgang. Köln, Bundesanzeiger, 305–306
Vultejus, U. (1998): Nachdenken über Justizstrukturen. In Brand, J.; Strempel, D. (Hrsg.): Soziologie des Rechts. Festschrift für Erhard Blankenburg (S. 589–612). Baden-Baden, Nomos

Wallerstein, J. S.; Lewis, J. (2001): Langzeitwirkungen der elterlichen Entscheidung auf Kinder. Eine Längsschnittuntersuchung über 25 Jahre. Zeitschrift für das gesamte Familienrecht, 48(2), 67–74
–; Lewis, J. M.; Blakeslee, S. (2002): Scheidungsfolgen – Die Kinder tragen die Last. Eine Langzeitstudie über 25 Jahre. Münster, Votum
Walper, S. (2005): Familien nach Scheidung/Trennung als Gegenstand familienpsychologischer Forschung. Familie Partnerschaft Recht, 11, 86–89
–; Gerhard, A.-K. (2003): Entwicklungsrisiken und Entwicklungschancen

von Scheidungskindern. Praxis der Rechtspsychologie 13, Sonderheft 1, 91–113
Wegener, H. (1997): Die Entwicklung der experimentellen Rechtspsychologie. In Greuel, L.; u. a. (Hrsg.): Psychologie der Zeugenaussage (S. 13–21). Weinheim, Beltz
Weißbrodt, F. (2000): Die Bindungsbeziehung des Kindes als Handlungsmaxime nach der Kindschaftsreform. Der Amtsvormund, 73(8), 618–630
Welker, B.-W. (2000): Justizvollzug 2000. Eine (vollzugs)-psychologische Bestandsaufnahme. Report Psychologie, 26, 14–25
Wellman, H. M. (1990): The child's theory of mind. Cambridge/Mass., Bradford Book MIT Press
–; Cross, L.; Watson, N. (2001): A meta-analysis of theory of mind development: The truth about the false belief. Child Development, 72, 655–684)
Wessels, M. G. (1994): Kognitive Psychologie. München/Basel, Ernst Reinhardt
White, R. W. (1959): Motivation considered: The concept of competence. Psychological Review, 66, 297–333
Wiesner, R. (Hrsg.) (2006): SGB VIII Kinder- und Jugendhilfe Kommentar. München, Beck
Willutzki, S. (1999): Psychologie im Familienrecht. Kindschaftsrechtliche Praxis, 1(1), 3–7
– (2000): Kindeswohl zwischen Elternrecht und staatlichem Wächteramt. Der Amtsvormund, 73(5), 378–388
Wilson, A. E.; Smith, M. D.; Ross, H. S. (2003): The nature and effects of young children's lies. Social Development, 12, 21–45
Winner, E.; Leekam, S. R. (1991): Distinguishing irony from deception. Understanding the speakers second-order intention. British Journal of Developmental Psychology, 9, 257–270
Wrightsman, L. S. (1991): Psychology and the legal system. Pacific Grove/Cal., Brooks/Cole

Yulli, N.; Pearson, A. (1998): The development of bases of trait attribution: Childrens understanding of traits as casual mechanisms based on desire. Developmental Psychology, 34, 574–586

Sachregister